إعلان هافانا

الاول والثاني

إعلان هافانا

الاول والثاني

بيانات النضال الثوري في الأميركيتين كما تبناهما الشعب الكوبي

باثفايندر
نيويورك، لندن، مونتريال، سيدني.

Pathfinder
NEW YORK LONDON MONTREAL SYDNEY

إعلان هافانا، الأول والثاني

حررته ماري آليس واترز

Manufactured in the United States of America

طبع في الولايات المتحدة الاميركية

ISBN 978-1-60488-000-7

Library of Congress Control Number 2009937246

First Arabic edition, published by Diethnes Vima دياثناس فيما, Athens, 2007

First Pathfinder edition, 2009

Fifth printing 2019

الطبعة الخامسة 2019

الغلاف الأمامي: فيدل كاسترو يقدم إعلان هافانا الثاني الى التجمع الشعبي الثاني لشعب كوبا في ساحة الثورة في هافانا. 4 شباط/ فبراير 1962. تم تبني الوثيقة من قبل أكثر من مليون كوبي كما تم تبنيها أيضاً من قبل مئات الآلاف في المصانع والحقول والمدارس والتجمعات العامة عبر الجزيرة. (*Bohemia*)

الغلاف الخلفي: جزء من التجمع الوطني العام للشعب الكوبي 4 شباط/فبراير 1962. (*Keystone/Getty Images*)

The First and Second Declarations of Havana

Manifestos of revolutionary struggle in the Americas

adopted by the Cuban people

Edited by Mary-Alice Waters

Pathfinder

www.pathfinderpress.com

E-mail: pathfinder@pathfinderpress.com

المحتويات

تمهيد

هذه الطبعة المزيدة الجديدة للإعلانين الأول والثاني لهافانا تصدر بشكل موازٍ باللغتين الاسبانية والانكليزية، ولدت هذه الطبعة ضمن معرض فنزويللا الدولي - تشرين الثاني/ نوفمبر 2006. كما أن هذه الطبعة المزيدة هي نتاج نقاشات سياسية واسعة دارت خلال حلقات تقديم آخر عددين من "نويفا انترناسيونا" (= الأممية الجديدة) في كاراكاس، وهي مجلة الدراسات الماركسية والنظرية، كما ولدت هذه الطبعة بعد نقاشات عدة كتب نشرت من قبل دار باثفايندر للنشر.

اليوم في فنزويللا، تم تسييس عدد لا يستهان به من العمال، المزارعين، والطلاب الشباب، وأيضاً عدد من الاقلّيات المقموعة - الأفارقة، السكان الأصليين، الصينيين، الهنود، العرب وغيرهم - من خلال النضالات الشعبية التي كانت قوة محركة في السياسة الفنزويلية خلال العقد الأخير. كانت هذه النضالات من أجل الأرض، من أجل تمكين العمال من التحكم بسلامة وتقدم شروط عملهم، نضالات من أجل حق التعليم،

العناية الصحية، المياه، الكهرباء، السكن. نضالات لإعادة السيطرة على الإرث الواسع من الثروات الطبيعية للبلاد. الدفاع عن الحق السيادي لفنزويللا لتقديم يد التضامن للشعوب المضطهدة وتلك الواقعة تحت تأثير جو المعركة عبر الأميركيتين والعالم، والتعاون مع الحكومة الثورية والشعب الثوري الكوبي. مقاومة التخريب الاقتصادي للصناعة وللمؤسسات المالية والأراضي ووسائل الاتصال الحاصل من قبل المالكين الرأسماليين المحصنين كما محاولاتهم العديدة لطرد الحكومة المنتخبة شعبياً لفنزويللا والحلول محلها.

نضالات تتميز بالوعي المتنامي للمصالح القوية الامبريالية المعقودة والمجدولة مع الطبقة الرأسمالية الفنزويلية التي تأتمر بالنهاية من المصالح الامبريالية.

هذه النزاعات كانت تنحسر لتعود وتظهر من جديد، ظهرت أكثر من مرة منذ 1998، حول عدة مواضيع وفي أماكن مختلفة من البلد، كاشفة من ناحية التناقضات العميقة الاجتماعية والسياسية، ومن ناحية ثانية منجرفة بها. كبر العطش لوجهة النظر الطبقية: وجهة النظر الاشتراكية الثورية وكبر العطش ضمن الاكثر التزاماً من القوى الشعبية، وخصوصا بين الشباب، ومعه كبر العطش أيضا لمعرفة أوسع للتاريخ الحديث الخاص بالحركات الشعبية الثورية. لماذا نجح البعض من هذه الحركات بينما فشل الآخر؟

هذا العطش كان واضحاً من خلال تجمهر الحشود حول أماكن العرض والنشاطات الأخرى في معرض الكتاب. العطش الذي ميز ساعات النقاشات السياسية والحوارات حول أماكن عرض الكتب

والكتيبات والمجلات الموزعة من قبل دار باثفايندر للنشر Pathfinder Press، حيث كانت المنشورات الحديثة هي الأكثر مبيعا من "نويفا انترناسيونال" (=الأممية الجديدة) المعنونة "الشتاء الحار الطويل للرأسمالية قد بدأ" و "سياستنا تبدأ مع العالم" بقلم جاك بارنز.

الأسئلة المطروحة لم تكن غير مهمة.

هل البرنامج والمسيرة الاستراتيجية الناجمة من انتصار العمال والمزارعين في ثورة تشرين الأول/اوكتوبر 1917 تحت قيادة البلاشفة، كما الحوارات التي أدت الى تشكيل الأممية الجديدة الثورية عام 1919 - والتي تم تفسيرها بوضوح مميز من قبل ف.إ. لينين - ما زالت صالحة للدراسة بعد قرن من الزمن؟ أو هل قوى الطبقات التي تصبغ عالم القرن الواحد والعشرين تختلف بشكل أساسي عن الثورة الروسية وعن مسيرة الخمس سنوات الأولى للأممية الشيوعية؟ وهل لا زالت صالحة؟ هل الأسس السياسية للأنشطة الثورية هي نفسها اليوم كما كان قدمها كارل ماركس وفريديريك انجلس؟

هل جعل التناقض المتناسب للكادحين - الذين غالبا ما يكونون بلا أرض - عبر أميركا اللاتينية نسبيا مقابل الحجم المتنامي للبروليتاريا المدينية وشرائح التجار الصغار والعاطلين عن العمل، الحلف بين العمال والمزارعين هو مفارقة تاريخية؟ أو هل هذا الحلف يبقى محورياً لامكانية نجاح الاستراتيجيا الثورية للطبقة العاملة؟

هل يتم صنع الرأسمالية لتخدم مصالح الكادحين من خلال تأسيس تعاونيات صناعية (انتاجية)، ادارات مضاربة لمشاريع، أو أنظمة مشابهة؟ أو هل أعمال رأس المال، كما فسرها ماركس من

قبل قرن ونصف، تستمر لتسيطر على العلاقات الاجتماعية طالما أن الطبقة العاملة لم تأخذ السلطة؟

هل هناك شرائح تقدمية في الطبقة الرأسمالية في البلاد النامية قادرة اليوم على قيادة الكادحين المناضلين في الصراع ضد الهيمنة الامبريالية؟ أو هل أن هؤلاء المستغلين - بصرف النظر عن معاناتهم من قيود أسيادهم الرأسماليين - يرتدّون على الجموع الثورية ويتحركون لقمع نضالهم؟

هل غيّرت الامبريالية أماكنها؟ أو هل أن الاعتداء العنيف والدموي حتمي على انتصار الطبقات العاملة عندما يرى الملاكون فرصة في نقطة ضعف للانقضاض والعودة الى امتيازاتهم ومخصصاتهم؟

هل الاشتراكية مجموعة أفكار؟ أو هل هي - كما أشار ماركس وأنجلز في البيان الشيوعي، وكما يتم تأكيدها بالعرق والدم على مدى أكثر من قرن ونصف من الصراعات الشعبية - خط سير الطبقة العاملة للسلطة، خط سير "يقفز من صراع طبقي موجود"، من حركة تاريخية تحدث أمام أعيننا نفسها؟

لا يمكن إيجاد مكان لتوجيه هذا النوع من الأسئلة التي تواجه الرجال والنساء في خطوط الصراع الأمامية في أميركا اللاتينية وبوضوح وحقيقية كما في الإعلانين الأول والثاني لهافانا، واللذين تم تقديمهما من قبل رئيس الوزراء فيدل كاسترو وتم تبنيهما من قبل الجمعيات الوطنية العامة المليونية لشعب كوبا في 2 أيلول/سبتمبر 1960 و 4 شباط/فبراير 1962. لهذا السبب قررت باثفايندر أن يكون الإعلانان متوافرين بشكل واسع اليوم، ويتم تقديمهما بطريقة

تساعد على جعل تواصلهما شفافاً ومتاحاً أكثر للأجيال الجديدة من المناضلين الذين لم يعيشوا الأحداث الصاخبة الثورية حيث تم صهر هذه الوثائق وتم توقيعها من قبل الملايين.

يحتوي هذا الكتاب الجديد من باثفايندر على أكثر من 12 صفحة مصورة تستعيد هذه الأيام وتجعلها أكثر فهماً للقارىء اليوم كما يحتوي الكتاب على سرد زمني (تأريخي) بموضع الإعلانين في التاريخ كما الأحداث التي يتكلما عنها، مفسرين المراجع والاستنباطات التي خرج بها السامعون أو القراء قبل نحو نصف قرن من الزمن دون الحاجة لتعليق إضافي . بالإضافة الى قاموس وملاحظات لتفسير وشرح عن أحداث تاريخية وعن أشخاص غير معروفين لقراء اليوم. الكتاب أيضاً يحتوي على فهرس لمساعدة هؤلاء الذين سوف يدرسون أو يعيدون درس هذين الإعلانين بانتباه ملحوظ.

بينما كان الإعلان الثاني لهافانا معروفا أكثر وعلى نطاق أوسع منذ تبنيه منذ حوالي 45 سنة تقريباً، تضعنا عملية جمع الإعلان الأول والثاني معاً في التراتب الزمني لإصدارهما داخل نقطة التحوّل التاريخية التي ربطتهما معاً.

تمت الدعوة للإجتماع للتجمع الوطني العام الأول لشعب كوبا في 2 أيلول/ سبتمبر 1960 خلال أكثر لحظات التعبئة الجماعية التي عرفتها الثورة. في الأسابيع التي سبقت وتلت هذا التدفق، وكردّ على الحركات التخريبية المسلحة والاقتصادية المتنامية للامبريالية كان مئات الألوف من العمال يسيطرون أكثر فأكثر على الشركات الصناعية في كوبا - كان يتم "التدخل في" مصنع بعد الآخر، كما

اصطلح العمال الكوبيون على تسمية التحرك، ومن ثم يتم تأميمه من قبل الحكومة الثورية.

في حزيران/يونيو 1960 أعلنت ثلاث تراستات مملوكة من قبل الإمبريالية في كوبا رفضها تكرير البترول الذي يتم شراؤه من الإتحاد السوفييتي. وكردّ من قبل العمال الكوبيين، استولوا على المصافي العائدة لتكساكو، ستاندرد أويل وشل وبدأوا بتكرير النفط بأنفسهم. وخلال أيام، أمر رئيس الولايات المتحدة دوايت د. أيزنهاور بتخفيض استيراد السكر بنسبة 95% والذي تم الاتفاق على استيراده وذلك كردّ فعل عقابي خلال الأشهر الباقية من 1960. وخلال 72 ساعة، أعلن الإتحاد السوفييتي نيته شراء كل السكر الكوبي الذي رفضت الولايات المتحدة شراءه.

وعبر الجزيرة، ردّ الكوبيون "Sin cuota pero sin bota" أي بدون سوق الولايات المتحدة وبدون حذاء الامبريالية على رقبتنا.

في 6 آب/أغسطس وخلال تصاعد التخريب الاقتصادي للرأسماليين، تبنت الحكومة الثورية مشروع قانون مصادرة "كل الموجودات والشركات الموجودة على الأراضي الوطنية ... والتي هي ملك أشخاص أو هيئات قانونية من الولايات المتحدة. الأيام والليالي التي تلت هذا، أصبحت تعرف في كوبا باسم "اسبوع السرور الوطني". احتفل عشرات الآلاف من الكوبيين بالمسير في شوارع هافانا حاملين توابيت تحتوي على البقايا الرمزية لشركات الولايات المتحدة مثل "شركة الفاكهة المتحدة" و "الهاتف والتلغراف الدولي"، رامين التوابيت في البحر.

في نهاية تشرين الأول/ أوكتوبر، صادر العمال والفلاحون الكوبيون، بدعم من حكومتهم، عملياً جميع المصارف والصناعات التي تملكها الامبريالية كما صادروا الشركات القابضة الضخمة التابعة للطبقة الرأسمالية الكوبية، مثل باكاردي رم. مع الاصلاح الزراعي 1959 الذي صادر ملايين الهكتارات من أكبر الملاكين العقاريين وأصدر أكثر من مائة ألف وثيقة تملك أرض لفلاحين من دون أرض، تغيرت ملكية العقارات في المدينة والريف، طابعة الثورة حكماً بالاشتراكية - الأولى في هذا النصف من الكرة الأرضية - موضحة للجميع أن سلطة الدولة الآن تخدم المصالح التاريخية للشعب العامل.

مشاركون الى جانب الشعب الكوبي في إحداث نقطة التحول التاريخية هذه، كان هناك ما يقارب ألف شاب من أميركا اللاتينية والولايات المتحدة، كندا، الاتحاد السوفييتي، الصين وغيرها، والذين شاركوا في المؤتمر الأول لشباب أميركا اللاتينية الذي افتتح أعماله في 26 تموز/يوليو 1960 في جبال السييرا مايسترا. وبين هؤلاء الذين كانوا ذلك الصيف المقتنعين بضرورة وامكانية التشبه بالشعب الكوبي والطريق الثوري الذي اجتازه، كان هناك القادة المستقبليون للنضالات الثورية عبر الاميركيتين. ضم هذا المؤتمر القادة الشباب لحزب العمال الاشتراكي وتحالف الاشتراكيين الشباب في الولايات المتحدة.

في خطابه الترحيبي الى مندوبي مؤتمر الشباب في 28 تموز/ يوليو، فسر تشي غيفارا للمندوبين وللعالم أنه "إذا كانت هذه الثورة ماركسية - اسمعوا جيداً حين أقول ماركسية - وذلك لأنها

اكتشفت، وبطرقها الخاصة، الطريق الذي أشار اليه ماركس".

بينما كان هذا التحول الصاخب يتكشف، التقى وزراء خارجية منظمة الدول الاميركية في سان خوسيه في كوستاريكا، وذلك في نهاية شهر آب/أغسطس. وتحت ارشاد واشنطن، تبنى وزراء الخارجية قراراً يقتضي، وبدون ذكر كوبا بالإسم حتى مرة واحدة، بادانة "التدخل الحيوي ... من قبل قوة من خارج القارة في شؤون الجمهوريات الأميركية". رفض القرار "محاولة القوى الصينية السوفييتية لاستغلال أي حالة سياسية، اقتصادية أو اجتماعية لاي دولة أميركية". وكمسيرة لتهديد "السلم والأمن لنصف الكرة الأرضية". وأعلن القرار أن "النظام عبر الاميركيتين هو غير متوافق مع أي شكل من أشكال التوتاليتارية". (لا يستطيع المرء إلا أن يتمنى). وطالب القرار بـ "أن على جميع الدول الأعضاء ... عليها واجب الخضوع لنظام عبر الاميركيتين المنضبط".

هذا كان "اعلان سان خوزيه" والذي تم الرد عليه في 2 أيلول / سبتمبر 1960 بـ "إعلان هافانا". ماداً "يد الصداقة الى شعب الولايات المتحدة" بما فيها الشعب الأسود الذي يشنق دون محاكمة،وضمنهم المثقفون المدانون، والعمال الذين يتم اجبارهم على الخضوع لقيادة أفراد العصابات". ردّ التجمع الوطني العام لشعب كوبا بشكل سريع أن الهيمنة الإمبريالية على اميركا اللاتينية وسياسات حكومة الولايات المتحدة هي السبب بأن "الأمن والسلام في نصف الكرة الأرضية والعالم" مهدد.

أكد التجمع أن "عرض الاتحاد السوفييتي غير المتوسل لمساعدة

كوبا اذا تعرضت بلادنا لغزو من قوات عسكرية امبريالية لا يعتبر تدخلا، لكنه بالأحرى هو فعل تضامن واضح". كما طالب التجمع علانية وبشكل واضح "في حال تعرضت ارضنا لغزو من قبل قوات عسكرية تابعة للولايات المتحدة، نتقبل عرض الاتحاد السوفييتي مع الامتنان بمنحنا صواريخ".

رفض التجمع وثيقة منظمة الدول الاميركية التي تخدم مصالح الولايات المتحدة التي حرضت على اقرار اعلان سان خوزيه، والتي تقول ان الثورة الكوبية كانت المنتج للتدخل السوفييتي أو الصيني في مقابل الرد العادل لكوبا على الجرائم والظلم الذي ارتكبته الامبريالية في اميركا اللاتينية". كما أعلن التجمع أن حكومة كوبا سوف تقيم مباشرة علاقات دبلوماسية مع جمهورية الصين الشعبية وتقطع جميع العلاقات مع تايوان.

أدان التجمع "استغلال الإنسان للإنسان واستغلال البلاد النامية من قبل التمويل الامبريالي لرأس المال". كعقبة حقيقية للديمقراطية والحرية في الاميركيتين وطالب التجمع أن شعب كوبا لن يخذل اشقاءه في أميركا اللاتينية الذين "يحملون سلاح الحرية".

"السياسة تبدأ حيث يوجد هنالك الملايين من الرجال والنساء، حيث لا يوجد هنالك الآلاف، بل الملايين، هنا تبدأ السياسة الجدية"، كما ذكّر لينين الوفود المشاركة في مؤتمر الحزب الشيوعي الروسي 1918 (البلاشفة) بعد شهور قليلة من انتصار ثورة أوكتوبر. هذه

هي السياسة التي تتكلم من خلال الإعلان الأول والثاني لهافانا. القوة المبينة في الصور المرفقة هنا لهذه التجمعات الضخمة للمتعبين الفرحين الممتلئين ثقة في خضم مرحلة تقرير مصيرهم بأنفسهم.

السنة ونصف السنة التي فصلت بين الإعلانين كانت متميزة بالـ "سياسة الجدية" للملايين.

• المقدمة التي ألقاها رئيس الوزراء الكوبي فيدل كاسترو حول "قضية كوبا" أمام الهيئة العامة للأمم المتحدة، والتي أنهاها بتعداد البنود الختامية للإعلان الأول لهافانا ملخصاً ماهية الثورة الكوبية.

• التعبئة التي عمت الجزيرة مصاحبة قانون الاصلاح المديني التي سنته الحكومة الثورية حول تأميم المساكن، تخفيض ايجارات المنازل بشكل كبير يصل الى 10% من الدخل العائلي كحد أقصى، وبكلمات الإعلان الثاني لهافانا لـ "النظام الاستغلالي الذي حوّل المسكن الى أداة لاستغلال الشعب".

• قرار واشنطن بقطع العلاقات الدبلوماسية مع هافانا.

• تعبئة مائة ألف شاب وشابة الى أقصى ما يمكن بلوغه من أماكن في الريف وأحياء الطبقة العاملة وذلك خلال الحملة الضخمة الناجحة التي محت الأمية في كوبا بأقل من سنة (مؤسسةً النموذج لمئات الآلاف من المعلمين المتطوعين الكوبيين ومن أعضاء الجسم الطبي الذين سوف يضعون في العقود المقبلة خبراتهم في تصرف المقهورين من قبل الامبريالية في العالم أجمع).

• الغزو المنظم والمدعوم من الولايات المتحدة لخليج الخنازير في

نيسان/ ابريل 1961، والذي انتهى بأقل من 72 ساعة بهزيمة نكراء وتراجع المرتزقة المجتاحين.

• بداية أولى "مسيرات الحرية" عبر جنوب الولايات المتحدة لتحدي عزل "نظام جيم كرو" في النقل العام عبر الولايات. [ملاحظة المترجم: نظام جيم كرو كان النظام القانوني العنصري في جنوب الولايات المتحدة الاميركية].

• والادانة المعلنة من قبل تشي غيفارا في آب/ اغسطس 1961 في بونتا دل ايستي، أوروغواي، حول زيف حكومة الولايات المتحدة باطلاقها "التحالف من أجل التقدم" في أميركا اللاتينية.

• المساعدة الأممية الأولى لكوبا في أفريقيا عبر ارسال السلاح والذخيرة الى الجبهة الوطنية لتحرير الجزائر لمحاربة حكم الاستعمار الفرنسي، ومعالجة المقاتلين الجرحى، وتأمين المسكن والتعليم لأيتام الحرب.

• فرض حصار تجاري شامل ضد كوبا من قبل حكومة الولايات المتحدة في 3 شباط/ فبراير 1962.

ما كان رد الشعب الكوبي على الاعلان ان وزراء خارجية منظمة الدول الاميركية سوف يلتقون في بونتا دل ايستي في أواخر كانون الثاني / يناير 1962 ليتخذوا اجراءات جماعية لمواجهة "تهديد السلام وتهديد الاستقلال السياسي للدول الاميركية". والذي نشأ من التدخل من قبل "قوى من خارج القارة"؟

"الآن وعندما يعدّون المسرح لكي يبدأوا بلعبة الدمى". أعلن فيدل خلال تجمع كبير في 2 كانون الثاني / يناير والذي كان خلال الاحتفال

بالعيد الثالث للانتصار على الطاغية. "فلنبدأ التعبئة!".

> متى يحين موعد اجتماع وزراء الخارجية. الثاني والعشرون؟ حسنا. في الثاني والعشرين نحن أيضا سوف نبدأ التعبئة هنا في ساحة الثورة! (تصفيق طويل). في الثاني والعشرين سوف نعقد الاجتماع العام الثاني للشعب الكوبي! (تصفيق). الشعب بأكمله. لن يكون فقط شعب هافانا. سوف يأتي الناس من مقاطعات أخرى. كما سوف يأتي أي شخص قادر على القدوم. وسوف يكون أضخم حدث للثورة. أضخم حدث للشعب (تصفيق). لنقدم للعالم الاعلان الثاني لهافانا. ولنظهر للامبرياليين استعدادنا للقتال. ولنظهر للدمى ماهية الشعب الثوري. ماهية الشعب الحرّ. أي شعب بطل هو! (تصفيق).

في 4 شباط/ فبراير. جاوب اكثر من مليون كوبي هذا النداء الى السلاح. متبرئين من القرارات التي اعتمدت قبل اربعة أيام من قبل الذين تمت تسميتهم بـ "وزارة مستعمرات اليانكي". بدون الاشارة المباشرة. دان اجتماع وزراء خارجية منظمة الدول الاميركية في بونتا دل ايستي "الاعتداء الانقلابي للحكومات الشيوعية" المفترض والذي يهدف الى "تدمير المؤسسات الديمقراطية وتأسيس الديكتاتوريات التوتاليتارية لخدمة "قوىً من خارج القارة". كما أعلن الاجتماع أن "الحكومة الحالية لكوبا. والتي حددت هويتها لنفسها كحكومة

ماركسية لينينية، هي ليست متوافقة مع المبادىء والاهداف للنظام المتبع عبر الاميركيتين". وطُردت كوبا من منظمة الدول الاميركية، وأسس الاجتماع ايضا مجلس الدفاع عبر الاميركيتين والذي هو لجنة حراسة ضد "التخريب"، ومع صلاحيات وقوة تنفيذية. كما حفز الاجتماع على أن تأخذ الدول الاعضاء الخطوات المناسبة، فرديا ام جماعيا، للدفاع عن النفس.

وكما أوضح التجمع العام الوطني للشعب الكوبي:" بالنسبة الى اليانكي الامبرياليين،"التخريب" يعني نضال الجوعى للحصول على الخبز. يعني نضال المزارعين للحصول على الأرض، ونضال الشعوب ضد الاستغلال الامبريالي. لجنة كلاب حراسة مع صلاحيات وقوة تنفيذية ضمن مجلس الدفاع عبر الاميركيتين تعني قوة قارية قاهرة ضد الشعوب، قوة تحت أمرة البنتاغون. "إجراءات جماعية" تعني انزال بحرية اليانكي في أي دولة في الأميركيتين".

"ما هو الخفي خلف كره اليانكي للثورة الكوبية؟"، سأل المجتمعون، ما هو الذي يوحد؟

> ولنفس النهاية العدائية للأغنياء والأكثر قوة امبريالية في العالم المعاصر والأوليغارشيات التابعة للقارة بأجمعها... وضدّ بلد صغير مؤلف من 7 مليون ساكن، وغير نام اقتصادياً، وبدون أية وسائل مالية أو عسكرية من الممكن أن تهدّد الأمن أو الاقتصاد لأي دولة أخرى؟...

الذي يوحدهم ويحرضهم هو الخوف... ليس الخوف من الثورة الكوبية، لكنّ الخوف من الثورة الاميركية اللاتينية... الخوف من أن يصادر الشعب المنهوب للقارة السلاح من قاهريه، وكما حدث في كوبا، يعلن نفسه شعوباً حرة للأميركيتين".

وجهة النظر هذه حول النضال الثوري لانتزاع السلطة من الرأسماليين والدفاع عنها والسلاح باليد هو في قلب الإعلان الثاني لهافانا. التأكيد على الشجاعة وضرورة التنظيم السياسي لتحقيق هذا الهدف. الأفق الذي تمّ فتحه من قبل نضالات ناشئة في الأميركيتين، والمثل الذي أثبته العمال والمزارعون الكوبيون "نعم انها ممكنة".

الوقع الذي تركه الإعلان الثاني لهافانا في حينه من الصعب أن يتم تقديره بدون استرجاع ضرورة وإمكانية محاكاة شعوب القارة المنهوبة لطريق العمال والمزارعين الكوبيين للسلطة، بالتحديد، هذا هو الممنوع - والمهاب - من قبل أغلبية عريضة من الأحزاب عبر اميركا اللاتينية التي ترتدي بزيف حلة العمال، أو الشيوعيين، أو الاشتراكيين. "واجب كل ثوري أن يصنع الثورة". وليس "الجلوس على أبواب المنازل لكي يصادف أفواج الامبرياليين لكي تمر" - وليس انتظار الظروف الموضوعية المفترضة غير الناضجة لكي تنضج، كما تدّعي عدة أحزاب أنها تفعل. هذا الإعلان المدوي كان بمثابة هواء عليل يتسرّب الى الاميركيتين.

والأهم، أن الإعلان عملياً فسر لطليعة العمال، المزارعين، والشباب

الثوريين اصحاب الالتزام المتنامي بالصراع عبر الاميركيتين، وبما فيها الولايات المتحدة. لماذا تكون امكانيات النجاح بين أيديهم وليست بين أيدي أحد آخر؟

فسّر الإعلان عدم قدرة البرجوازية الوطنية بقيادة صراع ضد الهيمنة الامبريالية" حتى حينما تكون مصالحها متناقضة مع مصالح الامبريالية اليانكية...لأن البرجوازية الوطنية مشلولة بسبب خوفها من الثورة الاجتماعية ومرعوبة من صرخة الجموع المستغلة".

كما فسّر الإعلان لماذا لا تنجح أي ثورة إلا اذا كانت الطبقة العاملة قادرة على قيادة الصراع في الأرياف أيضاً، وتؤسس وتعمل بشكل متواصل على الحفاظ على حلف قوي في النضال مع المزارعين، ومع المضطهدين من السكان الأصليين للأميركيتين، ومع السود، ومع الصينيين، ومع القطاعات المستغلة بشكل كبير من نسبة السكان. أيضاً وأيضاً، أشار الإعلان الى أهمية الكشف عن الصراعات الجماعية من قبل السود لتحطيم عملية عزل نظام جيم كرو في الولايات المتحدة.

فسّر البيان أيضاً كيف يستحيل النصر الثوري بدون الوحدة بين المتعبين ضد الامبريالية عملائها، وكيف لا يتحقّق النصر الثوري إلا إذا تمّ اجتثاث الطائفية، الدوغمائية، والاحتضان الارادي للانقسام مقابل الصراع المشترك.

فسّر البيان "الدراما الدموية" التي تحضّرها واشنطن ودُماها لاميركا اللاتينية - والتي أصبحت واقعاً بوقت قليل - في حين بدأت

جموع القارة العظيمة بالنهوض بالصراع، بدأ الوهم القاتل تصديق إمكانية تحقيق تحت هذه الشروط "انتزاع السلطة بوسائل قانونية، لم ولن يتمّ تحقيقه بيد الطبقات الحاكمة المحصنة في جميع مراكز الدولة". السلطة التي"سوف يدافعون عنها بالدم والحديد وبقوة شرطتهم وجيوشهم".

كما أشار البيان الى الانتصار الثوري في بلايا خيرون (خليج الخنازير) - أول خسارة عسكرية لواشنطن في الأميركيتين - المثال الذي قدمه الشعب الكوبي إلى العالم "أنّ الثورة ممكنة".

~

هذه هي الدروس التي سطّرها الشعب الكوبي لنفسه بالدم وبصراعه الخاص خلال الشهور التي ربطت بين الإعلان الأول والثاني لهافانا. يبقى البيانان حقيقيين اليوم كما كانا قبل خمسين سنة تقريبا، كما كانوا منذ 1848.

وفي هذه الروحية يتمّ نشر البيانين الأول والثاني لهافانا بهذا الشكل الجديد.

وإنه مهدى لهؤلاء الذين سوف يستعملونه لهذه الغاية.

ماري أليس واترز

كانون الثاني/يناير 2007

الإعلان الأول لهافانا

En la Asamblea más grande del mundo,

EL PUEBLO DECIDIO:

REVOLUCION

ORGANO DEL MOVIMIENTO 26 DE JULIO

2ª EDICION Año III ● La Habana, Sábado, 3 de Sept. de 1960
5 Centavos ● Director: Carlos Franqui ● No. 537

- Aprobar la "Declaración de La Habana"
- Rechazar la declaración de Costa Rica
- Aceptar la ayuda de la URSS y de China
- Romper el tratado militar con EE. UU.
- Establecer relaciones con China Popular
- Emplazar a los gobiernos latinoamericanos a que convoquen a sus pueblos
- *Proclamar los derechos del hombre latinoamericano*

LA ASAMBLEA GENERAL NACIONAL DEL PUEBLO DE CUBA PROCLAMA ANTE AMERICA

El derecho de los campesinos a la tierra.
El derecho del obrero al fruto de su trabajo.
El derecho de los niños a la educación.
El derecho de los enfermos a la asistencia médica y hospitalaria.
El derecho de los jóvenes al trabajo.
El derecho de los estudiantes a la enseñanza libre, experimental y científica.
El derecho de los negros y los indios a "la dignidad plena del hombre".
El derecho de la mujer a la igualdad civil, social y política.
El derecho del anciano a una vejez segura.
El derecho de los intelectuales, artistas y científicos a luchar, con sus obras, por un mundo mejor.
El derecho de los Estados a la nacionalización de los monopolios imperialistas, rescatando así las riquezas y recursos nacionales.
El derecho de los países al comercio libre con todos los pueblos del mundo.
El derecho de las naciones a su plena soberanía.
El derecho de los pueblos a convertir sus fortalezas militares en escuelas, y a armar a sus obreros, a sus campesinos, a sus estudiantes, a sus intelectuales, al negro, al indio, a la mujer, al joven, al anciano, a todos los oprimidos y explotados, para que defiendan, por sí mismos, sus derechos y sus destinos.

VEA EN LA PAGINA 3: TEXTO DEL DISCURSO DE FIDEL

الصفحة الاولى من Revolucion (الثورة) ، الجريدة اليومية لحركة 26 تموز\ يوليو، في 3 أيلول\ سبتمبر 1960 ، بعد الموافقة على الإعلان الأول لهافانا من قبل التجمع العام لشعب كوبا.

وتقول: "في اكبر تجمّع للعالم، **الشعب قرّر:**
الموافقة على "إعلان هافانا" ورفض إعلان كوستا ريكا، وقبول مساعدات من الاتحاد السوفييتي وجمهورية الصين الشعبية، إيقاف المعاهدة العسكرية مع الولايات المتحدة، وتأسيس علاقات مع جمهورية الصين الشعبية، وتحدّي حكومات اميركا اللاتينية لكي يتعاقد مع شعوبهم كما نفعل، واسترجاع حقوق الانسان في أميركا اللاتينية".

الإعلان الأول لهافانا

الذي تبناه التجمع العام الوطني للشعب الكوبي

2 أيلول/سبتمبر 1960

بجانب النُّصب التذكاري لخوسيه مارتيه، شكّل الشعب الكوبي، شعب الأرض الحرة في الاميركيتين، ممثلاً قوى عدم الانحياز المتدفّقة من تجربته الفعلية عبر المعاناة المباشرة الشعبية العالمية، سمّى الشعب الكوبي نفسه التجمع الوطني العام.

وبإسمه ، ومعبّراً عن مشاعر شعوب أميركتنا، يعلن التجمّع الوطني العام للشعب الكوبي، أنه:

1. يدين بأجمعه ما يسمّى بإعلان سان خوزيه، كوستاريكا، الوثيقة التي تُهين - بإملاء إمبريالية الولايات المتحدة - السيادة و الكرامة لشعوب القارة، و حق كل أمة في تقرير مصيرها [1].

2. التجمع الوطني العام يدين بشدة إمبريالية الولايات المتحدة

---

1. منظمة الدول الاميركية عقدت اجتماعها الاستشاري السابع لوزراء خارجية الجمهوريات الاميركية في سان خوزيه، كوستا ريكا، 22 - 29 آب/أغسطس 1960 حيث وافقت المنظمة على إعلان سان خوزيه. هذه الوثيقة التي تنص على أن كل الدول الأعضاء يجب أن "يخضعوا لإرادة النظام عبر الاميركيتين". قدّم الوفد الكوبي قراراً مضاداً، وعندما رُفض القرار، انسحب الوفد من الاجتماع.

لهيمنتها الكبيرة و الإجرامية - المستمرة منذ اكثر من قرن - على شعوب أميركا اللاتينية التي رأت أكثر من مرة اجتياح اراضي المكسيك، نيكاراغوا، هايتي، سانتو دومينغو، و كوبا. هذه البلاد خسرت أمام امبريالية اليانكي الجشعة أراضٍ واسعة و غنية مثل تكساس، و مواقع حيوية استراتيجية مثل قناة باناما. و حتى في مثل حالة بورتوريكو التي وُضعت جميع أراضيها تحت الاحتلال، والتي عانت من إهانات رجال البحرية تجاه بناتنا و زوجاتنا و تجاه أعزّ ذكرياتنا التاريخية. وبينهم نموذج خوسيه مارتي [2].

هذه الهيمنة المبنية على قدرة عسكرية متفوّقة، و معاهدات غير عادلة، و مبنية على التعاون المخجل لحكومات خائنة. حوّلت أميركتنا ولأكثر من مائة عام - إلى "الأميركا" التي تمنى أن يراها حرة كل من بوليفار، هيدالغو، خواريز، سان مارتين، اوهيغنز، سوكري، تيرادنتس، و مارتي، حوّلتها هذه الهيمنة الى منطقة استغلال، وإلى حديقة خلفية في امبراطورية اليانكي المالية والسياسية. كما حوّلتها أيضاً الى خزّان لا ينضب من الأصوات الانتخابية في المنظمات الدولية حيث نُعتبر نحن في اميركا اللاتينية كحمل ثقيل مقابل "الشمال القاسي والوحشي الذي يحتقرنا" [3].

التجمّع الوطني العام لشعب كوبا يُعلن أن حكومات اميركا اللاتينية تخون مبادئ الاستقلال، تدمر سيادة شعوبها، كما تضع

---

2. في 11 آذار/مارس 1949، تم تصوير عدة بحارة من بحرية جيش الولايات المتحدة يتسلقون تمثال خوسيه مارتي في الحديقة المركزية لهافانا، حيث تبولوا عليه أيضاً. وعندما انتشر الخبر، تحركت عدة مظاهرات. وكان فيدل كاسترو ضمن قيادات هذه المظاهرات.

3. من رسالة خوسيه مارتي الى مانويل ميركادو. انظر صفحة 41.

هذه الحكومات العوائق امام تضامن حقيقي بين بلادنا بقبولها هذه الهيمنة المستمرة العلنية. لهذه الأسباب كان هذا التجمع، و بإسم الشعب الكوبي، و بنفس روح التحرر التي حركت آباء بلادنا الخالدين، نرفض هذه الهيمنة ونحن يملؤنا الأمل وإرادة شعوب اميركا اللاتينية.

خضوع حكوماتنا الخائنة حوّلت أميركتنا الى حديقة خلفية للامبراطورية اليانكية

3. يرفض التجمّع الوطني العام لشعب كوبا أيضاً محاولة تخليد (منظومة مونرو) التي تستعمل حتى الآن لـ"تمديد الهيمنة في أميركا" لحساب إمبرياليين جشعين، كما رأى خوسيه مارتيه، ولتمرير "سم القروض، و سم الاقنية، و سم سكك الحديد" بسهولة اكبر، والتي رفضها خوسيه مارتيه أيضاً منذ زمن بعيد.

لذا، وفي مقابل هذا الخبث الممتد عبر الأميركيتين المزيف التي تكاد حكوماتها الرخوية أن تسجد أمام واشنطن و أمام حكام مصالح شعوبنا من الاحتكارات اليانكية - يعلن تجمع الشعب الكوبي تحرير أميركية مارتي وبينيتو خواريز اللاتينية. و ايضا، مادّاً يد الصداقة إلى شعب الولايات المتحدة بما فيهم الشعب الأسود الذي يشنق من غير محاكمة، المثقفون المدانون، والعمّال الذين يتمّ إجبارهم على الخضوع لقيادة أفراد العصابات". - التجمّع يؤكد مجدداً إرادته

للسير مع "العالم اجمع و ليس مع جزء منه".

4. ويعلن التجمع الوطني العام لشعب كوبا، أنّ عرض الاتحاد السوفييتي غير المتوسل لمساعدة كوبا إذا تعرّضت بلادنا لغزو من قوات عسكرية امبريالية لا يُعتبر تدخلاً، بل هو بالأحرى فعل تضامن". هذا الدعم، الممنوح الى كوبا في مواجهة اعتداء وشيك من قبل البنتاغون، يشرّف حكومة الاتحاد السوفياتي بينما يهين حكومة الولايات المتحدة لاعتدائها الجبان على كوبا وشعبها. لذا، التجمّع العام لشعب كوبا يعلن أمام الاميركيتين و العالم انه يقبل و بكل امتنان المساعدة بإرسال صواريخ من الاتحاد السوفييتي بحال تعرضت بلادنا لاجتياح قوات عسكرية من الولايات المتحدة.

5. ينكر بشدة التجمّع العام لشعب كوبا الاتهام [من قبل إعلان سان خوزيه] بوجود أي نية من قبل الاتحاد السوفييتي أو جمهورية الصين الشعبية لإستغلال اي وضع اقتصادي، سياسي، أو اجتماعي لكوبا لكسر الوحدة القارية وتهديد وحدة نصف الكرة.

من الطلقة الأولى حتى الأخيرة، من الشهيد الأول حتى آخر شهيد من العشرين ألفاً الذين سقطوا خلال النضال ضد الطغيان والذين سقطوا لكي ينتزعوا السلطة الثورية، و من القانون الأول وصولاً الى آخر قانون ثوري، و من أول عمل ثوري لآخر عمل، شعب كوبا تحرك وتصرف بحسب ارادته الحرة. لذا، لا وجود لأرضية لإتهام الاتحاد السوفييتي او جمهورية الصين الشعبية لوجود ثورة كجواب عادل من كوبا على الجرائم و الظلم الذي ارتكبته الامبرالية في اميركا اللاتينية.

بل بالعكس، يعتقد التجمع الوطني العام لشعب كوبا أنّ سياسة الولايات المتحدة تهدّد أمن و سلام نصف الكرة - و التي تحذو حذوها بالقوة حكومات أميركا اللاتينية - سياسة عزل و عداء تجاه الاتحاد السوفييتي و جمهورية الصين الشعبية، و التورّط بأعمال عدائية وتحريضية، و نبذ جمهورية الصين الشعبية بشكل منهجي من الأمم المتحدة، بالرغم من حقيقة أنّها تمثّل تقريباً الـ600 مليون ساكن في الصين [4].

لذا يؤكّد التجمع الوطني العام لشعب كوبا على سياسة الصداقة مع جميع شعوب العالم و يؤكد مجدداً على نيته إقامة علاقات دبلوماسية مع كل البلاد الاشتراكية في العالم. ويُعلم التجمع جمهورية الصين الشعبية، ممارساً إرادته الحرة السيّدة، بإقامة علاقات دبلوماسية معها رافضا بذلك إقامة علاقات مع النظام الدمية المقام في فورموزا من قبل الأسطول السابع لليانكي.

6. يؤكد التجمع الوطني العام لشعب كوبا - واثقا انه يعبر عن الرأي العام لشعب اميركا اللاتينية - أنّ الديمقراطية لا تتماشى مع الأوليغارشية المادية، انها لا تتماشى مع التمييز العنصري ضد "السود"، كما انها لا تتماشى مع اعتداءات الكوكلاكس كلان، و لا تتماشى أيضاً مع الأحكام التي حرمت علماء مثل اوبنهايمر من وظائفهم، والتي حرمت العالم و لسنوات من الصوت الجميل

4. في وقتها، كان مقعد الصين في الأمم المتحدة مُحتلاً من قبل تايوان، والتي كانت أيضا تُدعى بفورموزا. في 1971 استرجعت جمهورية الصين الشعبية المقعد.

لبول روبسون الذي اعتقل في بلاده. كما انها لا تتماشى مع إرسال ال روزنبرغ الى حتفهم تحت احتجاج وصدمة العالم و بالرغم من التماسات حكومات عديدة بما فيها البابا بيوس الثاني عشر.

يعبّر التجمع الوطني العام لشعب كوبا عن قناعة كوبا ان الديمقراطية لا تتألف فقط من الانتخابات المدارة - تقريباً دائماً من قبل ملاكي اراضي اغنياء و محترفين سياسيين لإعطاء نتائج غير حقيقية - بل تتألف ايضاً من حق المواطنين بتقرير مصيرهم الخاص. كما يفعل هذا التجمع الآن.

وأيضاً، الديمقراطية ستأتي الى الوجود في أميركا اللاتينية فقط عندما يكون الشعب حرّاً لصنع خياراته وعندما لا يتم تحويل الفقراء - بالجوع، بالتمييز الاجتماعي، بالأمية، وبالنظام القضائي - بتحويلهم الى حالة من الضعف المخيف.

لذا، التجمّع الوطني العام لشعب كوبا: يدين النظام المتخلف الاقطاعي غير الانساني للإنتاج الزراعي الذي هو مصدر التعاسة والفقر لسكان الأرياف. كما يدين التجمع الرواتب البخسة غير العادلة المستغِلّة للعمل البشري من قبل الامتيازات غير القانونية. التجمّع يدين الأمية، النقص في المعلمين، النقص في المدارس، النقص في الاطباء، النقص في المستشفيات، والنقص بالاهتمام بكبار السن المنتشر في اميركا اللاتينية. التجمع يدين التمييز ضد السود والهنود. كما يدين عدم المساواة بين الرجل والمرأة ويدين أيضاً استغلال المرأة. كما يدين الأوليغارشيات السياسية والعسكرية التي تبقي شعوبنا في بؤس مدقع وتعيق التطوّر تجاه الديمقراطية

والتطبيق الكامل لسيادتهم. التجمع يدين اتّباع سياسة تسليم موارد بلادنا الطبيعية الى الاحتكارات الاجنبية خائنين بذلك مصالح الشعوب. التجمّع يدين الحكومات التي تتجاهل مشاعر شعبها لكي تستجيب لإملاءات واشنطن. التجمع يدين أيضاً الخداع المنهجي للشعب من قبل الإعلام الاخباري لصالح الاوليغارشيات والمضطهد الامبريالي. يدين التجمع احتكار الاعلام الاخباري من قبل وكالات اليانكي الذين هم أدوات تراستات الولايات المتحدة وعملاء واشنطن. كما يدين التجمع أيضاً القوانين القمعية التي تحرم العمال والمزارعين والطلاب والمثقفين الذين يشكلون الأغلبية العظمى في كل بلد من تنظيم النضال من أجل مطالبهم الاجتماعية وتطبعاتهم الوطنية. التجمّع يدين أيضاً الاحتكارات والشركات الامبريالية التي دائما ما تمتص ثرواتنا، وتستغل مزارعينا وعمالنا، تُنزِف اقتصادنا وتبقيه متخلّفاً ، وتُجبر السياسة الأميركية اللاتينية للخضوع لتصميمها ومصالحها.

للتلخيص، التجمّع الوطني العام لشعب كوبا يدين استغلال الانسان للإنسان واستغلال البلاد النامية من قبل التمويل الامبريالي لرأس المال.

ندين استغلال الإنسان للإنسان واستغلال البلاد النامية من قبل التمويل الامبريالي لرأس المال.

لذا، يُعلن التجمع الوطني العام لشعب كوبا أمام الاميركيتين: حق المزارعين في الأرض، حق العمال بثمرة عملهم، حق الأطفال بالتعليم، حق المرضى بالعناية الصحية والاستشفاء، حق الشباب في العمل، حق الطلاب بتعليم مجاني علمي وعملي، حق السود والهنود بكرامة إنسانية كاملة، حق المرأة بالمساواة المدنية والاجتماعية والسياسية، حق كبار السن بتأمين الشيخوخة، حق المفكرين الفنانين والعلماء لاستعمال عملهم للنضال لعالم أفضل، حق الأمم بتأميم الاحتكارات الامبريالية، وبذلك لاستعادة ثرواتهم ومواردهم الوطنية، الحق بالارتباط بحرية بالتجارة مع جميع شعوب العالم، وحق الأمم بسيادة مطلقة، حق الشعوب بتحويل الحصون الى مدارس، وبتسليح عمالهم، مزارعيهم وطلابهم، مفكريهم، السود، الهنود، النساء، الشبان، كبار السن وكل المضطهدين والمستغلين، لكي يستطيعوا بانفسهم ان يدافعوا عن حقوقهم ومصيرهم.

7. يؤكد التجمع الوطني العام لشعب كوبا على: واجب العمال، المزارعين الطلاب، المفكرين، السود، الهنود، الشبان، النساء، كبار السن، للصراع من أجل حقوقهم الاقتصادية والسياسية والاجتماعية - يؤكد التجمع واجب الأمم المستغلة والمضطهدة للصراع من أجل حريتها، واجب كل شعب للتضامن مع قضية كل شعب مقموع ومستغل ومستعمر ومضطهد، أينما وجد وبدون اعتبار المسافة او الانفصال الجغرافي. أن كل شعوب العالم أخوة.

8. التجمع الوطني العام لشعب كوبا يؤكد على ايمانه ان اميركا

اللاتينية موحدة ومنتصرة، ستكون حرة قريبا من القيود التي تصنع من اقتصادها غنيمة بيد امبريالية الولايات المتحدة، والتي تبقي صوتها الحقيقي مسموعاً في المؤتمرات حيث جوقة الوزراء الخسيسين المروضين تردد خلف أسيادها المستبدّين. يؤكّد الإجتماع على قراره للعمل لصالح المصير المشترك لأميركا اللاتينية، الذي سيسمح لبلادنا بتضامن حقيقي، مؤسس على القرار الحر لكل منا والأهداف المشتركة للجميع.

يبرز ضمن هذا الصراع من أجل تحرير اميركا صوت الشعب الأصلي مقابل الاصوات الخانعة لاصحاب المكاتب، يبرز صوت كاسر من أعماق مناجم الفحم والتنك، من المصانع، من طواحين السكر، من الأراضي الاقطاعية حيث أخذ كل من روتوس ، كولوس، غوشوس، وخيباروس[5]، وورثة زاباتا وساندينو، يأخذون سلاح الحرية، صوتٌ سُمع في شعراء الشعب وروائييه، طلابه، نسائه، اطفاله شيبه، عجزته المؤرّقين.

ولصوت إخواننا هذا، يُجيب تجمع شعب كوبا:

نحن موجودون، كوبا لن تسقط. كوبا هنا الآن لتعلن كعهد تاريخي أمام أميركا اللاتينية والعالم غير القابل للرجوع عنه:

5. عمال ريفيون تباعاً من: التشيلي، البيرو، الارجنتين، وبورتو ريكو .

الوطن أو الموت!

9. التجمع الوطني العام لشعب كوبا قرّر أنّ هذا الاعلان سوف يُعرف كـ " إعلان هافانا".

هافانا

كوبا

الأرض الحرة للاميركيتين

2 أيلول سبتمبر 1960

ESTA GRAN HUMANIDAD HA DICHO: ¡BASTA!

Más de un millón en la Asamblea

RESISTIREMOS EN TODOS LOS CAMPOS

Votó todo el pueblo la II Declaración de La Habana

ESTA LUCHA LA HARAN LAS MASAS, LOS PUEBLOS

REVOLUCION

ORGANO DEL MOVIMIENTO 26 DE JULIO

Año V — La Habana, Lunes, 5 de Febrero de 1962 — No. 973

Director: Carlos Franqui — 10 Centavos

El Presidente de la República y el Primer Ministro del Gobierno Revolucionario contestan el saludo entusiasmado del pueblo reunido en la II Asamblea Nacional General.

Para que el imperialismo, sus títeres y mercenarios sufran, ahí les queda esta prueba gráfica, vista parcial sólo de lo que fue la Asamblea de ayer en la Plaza de la Revolución.

الصفحة الأولى من Revolucion (الثورة)، 5 شباط \ فبراير 1962، بعد الموافقة على الاعلان الثاني لهافانا من قبل التجمع العام للشعب الكوبي. في الصورة اعلاه، رئيس الوزراء فيدل كاستر ورئيس الجمهورية اوسفالدو دورتيكوس.

العناوين: " هذه الانسانية العظيمة تقول: " كفى!" . اكثر من مليون انسان في التجمع. سنقاوم في كل المجالات. الشعب باكمله وافق على الاعلان الثاني لهافانا. الجموع والشعب سوف يشنون هذا النضال".

الإعلان الثاني لهافانا

فيدل كاسترو يقدم الإعلان الثاني لهافانا

GRANMA ARCHIVES

الإعلان الثاني لهافانا

الذي تبنّاه التجمع العام الوطني للشعب الكوبي

4 شباط / فبراير 1962

من شعب كوبا إلى شعوب الأميركيتين والعالم:

في18 أيار/مايو، 1895 ، عشية موته من رصاصة إسبانية في القلب خوسيه مارتي، رسول استقلالنا، كتب في رسالة غير منتهية إلى صديقه مانويل ميركادو:

" الآن أنا قادر على الكتابة...أنا في خطر كل يوم لتقديم حياتي لوطني وواجبي...ومن منع الولايات المتحدة، خلال تحقيق كوبا لاستقلالها، من بسط سيطرتها على الانتيل وبالتالي فرض هذه الكمية الزائدة من القوة على بلادنا في القارة الاميركية. كل ما فعلته حتى الآن، وكل ما سوف أفعله، سيكون بهذا الهدف..."

"الأمم المعنية من حؤول كوبا من ان تصبح الحلقة الافتتاحية لبلاد اميركتنا عبر الشمال القاسي والوحشي الذي يحتقرهم - هذا شيئ يجب ان يمنع، وهو ما سنمنعه بدمائنا.

الالتزامات العامة والدنيا تمنع هذه الامم من الالتحاق بالتضحية

ودعمها، التضحية التي تُقام لأجلهم مباشرة".

"لقد عشت في أحشاء الوحش وأعرف دواخله ، ومقلاعي هو مقلاع داوود".

وفي 1895 مارتي أشار الى الخطر المحدق في الأميركيتين وسمى الامبريالية باسمها: "الامبريالية" .أشار إلى شعب أميركا اللاتينية، انه، أكثر من اي أحد ، لديهِ المنفعة ليرى أن كوبا لا تخضع لجشع اليانكي وازدرائه لشعوب اميركا اللاتينية.

وبدمه المبذول لكوبا واميركا اللاتينية، كتب الكلمات التي بعد موته، وفاء لذكراه، شعب كوبا وضعها في بداية هذا الاعلان.

سبعة وستون عاماً مرّت. وبورتو ريكو تحوّلت الى مستعمرة ولا زالت مستعمرة متخمة بالقواعد العسكرية. كوبا أيضاً وقعت تحت براثن الامبريالية التي تحتلّ فرقها أراضينا. عهد البلات فُرض على دستورنا الأول، كبندٍ مذلّ يمنح الحق بوقاحة للتدخل الأجنبي[1]. ثرواتنا أصبحت بأيديهم، تاريخنا تمّ تحويره، حكوماتنا وسياساتنا تمّ تشكيلها بالكامل لمصلحة الجلّادين . الأمة خضعت لستين عاماً من الخنق السياسي والاقتصادي والثقافي.

لكنّ كوبا نهضت. كوبا استطاعت أن تعتِق نفسها من الحماية اللقيطة . كسرت كوبا القيود التي تكبّل ثرواتها بالمعتدي الامبريالي، أعتقت ثرواتها، استعادت ثقافتها، رافعة راية الأراضي الحرة وشعب الاميركيتين.

1.الحرب الأخيرة للاستقلال التي خاضتها كوبا ضد اسبانيا، 1895 - الى 1989 لحقها مباشرة احتلال عسكري من الولايات المتحدة للبلاد. لمراجع عن معاهدة البلات انظر قاموس المفردات.

الآن الولايات المتحدة لن تستطيع أبداً استعمال قوة كوبا بوجه الأميركيتين. بل بالعكس، الولايات المتحدة، مهيمنة على غالبية الدول الأميركية اللاتينية الأخرى، تحاول اليوم استعمال قوة الأميركيتين ضد كوبا.

ما هو تاريخ أميركا اللاتينية إذا لم يكن هو تاريخ الاستغلال الامبريالي؟

ما هو تاريخ كوبا إذا لم يكن تاريخ أميركا اللاتينية؟ ما هو تاريخ اميركا اللاتينية إذا لم يكن هو تاريخ آسيا، افريقيا، والباسيفيك؟ ماذا يكون تاريخ كل هذه الشعوب إذا لم يكن هو تاريخ كل الشعوب المستغلّة بقسوة ووحشية من قبل الامبريالية في كل العالم؟

في نهاية القرن الماضي وبداية الحالي، انتهت حفنة من الأمم النامية اقتصادياً من تقسيم العالم فيما بينها، مخضعة الى سيطرتها الاقتصادية والسياسية ثلثي الإنسانية، التي كانت مُجبَرة على العمل لصالح الطبقات الحاكمة في البلاد الرأسمالية المتقدّمة إقتصادياً.

الظروف التاريخية التي سنحت لبعض الدول الأوروبية وللولايات المتحدة الأميركية للوصول الى أعلى مراحل التطور الصناعي، وضعتها في موقع لاخضاع بقية العالم لسيطرتها واستغلالها.

ماذا كانت الدوافع الموجبة وراء تمدّد القوى الصناعية؟ أكانت أسبابها

أخلاقية وحضارية، كما تدّعي؟ لا، الأسباب كانت إقتصادية.

منذ اكتشاف اميركا، التي دفعت الفاتحين الأوروبيين عبر البحار لاحتلال أراض ومواطن قارات أخرى، الدافع الاساسي وراء تصرّفهم كان السعي للثراء. اكتشاف أميركا وحده كان خلال البحث عن طريق أقصر الى الشرق الذي كانت ترتفع أسعار بضائعه في أوروبا.

طبقة جديدة من التجّار ومنتجي المصنوعات التجارية، نشأت من رحم مجتمع اللوردات والقنانة الإقطاعي في نهايات العصور الوسطى.

العطش من أجل الذهب هو الذي حرّك جهود هذه الطبقة الجديدة. الرغبة بالربح كانت دافع حركة هذه الطبقة خلال التاريخ. التأثير الاجتماعي للتجارة والتصنيع نما معها.القوى المنتجة الجديدة التي كانت في طور النمو في رحم المجتمع الاقطاعي تعارضت أكثر فأكثر مع علاقات الاقطاعية بالعبودية، بقوانينها، بمؤسساتها، بفلسفتها بأخلاقياتها، بفنها، وبإيديولوجيتها السياسية.

أعلن ممثلو الطبقة البورجوازية المثقفون افكاراً فلسفية وسياسية جديدة ومفاهيم جديدة حول الحقّ والدولة مجاوبين بذلك على الضرورات الجديدة للحياة الاجتماعية، والتي دخلت بتدرّج ضمن وعي الجموع المستغلّة. هذه كانت أفكاراً ثورية مقابل الأفكار البالية للمجتمع الإقطاعي. المزارعون، الحرفيون، وعمال الصناعات الصغيرة، بقيادة البورجوازية، قلبت النظام الإقطاعي، وقلبت فلسفته، أفكاره، مؤسساته، قوانينه، وامتيازات الطبقة الحاكمة، أي الأصل النبيل الموروث.

عندها، البورجوازية اعتبرت الثورة ضرورية وحقّة. لم تعتقد أنّ النظام الإقطاعي يجب او يمكن أن يكون أبدياً - كما تعتقد اليوم بنظامها الاجتماعي الرأسمالي.

شجّعت المزارعين لتحرير أنفسهم من العبودية الإقطاعية، كما شجّعت الحرفيين مقابل التجمّعات الأخوية الحرفية في القرون الوسطى مطالبة بالسلطة السياسية. الملكية المطلقة، والنبلاء، والإكليروس دافعوا بعناد عن امتيازات طبقتهم، معلنين الحق الالهي للملوك ولعدم تحوّل النظام الاجتماعي. في ذلك الوقت، أن تكون متحرراً هو أن تعلن أفكار فولتير، ديدورو، جان جاك روسو، والناطقين باسم الفلسفة البورجوازية، كانت جريمة في عيون الطبقات الحاكمة كما اليوم في عيون البورجوازية أن تكون اشتراكياً معلناً افكار ماركس ، انغلز، ولينين.

انتزعت البورجوازية الحكم وأسّست على أنقاض المجتمع الاقطاعي شكل إنتاجها الرأسمالي. وعلى أساس هذا الشكل من الإنتاج أقامت دولتها، قوانينها، أفكارها، ومؤسساتها. قدّست هذه المؤسسات فوق كل مضامين حكمها الطبقي: الملكية الخاصة.

المجتمع الجديد المبني على الملكية الخاصة لأدوات الإنتاج والتسابق الحرّ، انقسم الى طبقتين أساسيتين: إحداهما مالكة أدوات الإنتاج الحديثة دائماً والفعالة، والأخرى، المحرومة من كل الثروات، والتي تملك فقط قوة عملها، المعروضة للبيع مثل أي سلعة أخرى، وتباع فقط كوسيلة للعيش.

مع تفكك الروابط الاقطاعية، تطوّرت القوى الانتاجية بشكل

استثنائي، إذ تمّ إنشاء مصانع ضخمة، وتزايد عدد العمال...

المصانع الأكثر تطوّراً تقنياً استمرت بإخراج المصانع العديمة الفعالية من السوق. كما استمر ارتفاع أسعار التجهيزات الصناعية. وأصبح من الضروري أكثر فأكثر تراكم رأس المال. جزءٌ كبير من الإنتاج أصبح يمرّ بعدد أقل من الأيدي. عندها نشأت الشركات الرأسمالية العظمى، وتجمعت المؤسسات، كل بحسب قطاعها، في كارتلات، تجمعات صناعية، وشركات، كلها مُسيطر عليها من قبل مالكي غالبية الحصص، أي من قبل أقوى رؤوس الصناعة. المنافسة الحرة، خاصية الرأسمالية في مرحلتها الأولى، أعطت المجال للمحتكرين الذين عقدوا إتفاقاتٍ فيما بينهم وسيطروا على الاسواق.

"يأتي الرأسمال الى العالم ينقط دماً ووحلاً من كلِّ مسامه"، كارل ماركس

من أين أتت المصادر الهائلة من الموارد لتسمح لمحتكرين أثرياء بمراكمة مليارات الدولارات؟ ببساطة من خلال استغلال العمل البشري. ملايين من العمال، الذين أُجبروا على العمل لقاء أجر لسد الرمق، أنتجوا بقواهم عظمة رأسمال المحتكرين. جعل العمال الطبقات المتميّزة أغنى وأقوى من أي وقت كان. من خلال المؤسسات المصرفية، استطاعت هذه الطبقات استغلال هذه الاموال فضلاً عن أموال المجتمع كله. هذا الذي أتى من خلال دمج المصارف مع

الصناعات الكبيرة وعندها وُلد الرأسمال المصرفي. ماذا سيفعلون في هذا الرأسمال الفائض الذي كان يتراكم في كميات كبيرة هائلة؟ اجتياح العالم به. بسعيهم الدائم وراء الربح، بدأوا في مصادرة الموارد الطبيعية للدول الضعيفةاقتصاديا واستغلال العمل البشري لساكنيها فارضين اجوراً متدنية اكثر مما أُجبروا على دفعه للعمال في بلادهم المتقدمة. عندها بدأ التقسيم المناطقي والاقتصادي للعالم. في سنة 1914 ثماني الى عشر دول إمبريالية وضعت يدها على أراضٍ خارج حدودها، شاملة اكثر من 83.700.000 كلم2 ضمن 970.000.000 ساكناً. بكل بساطة، لقد قسّموا العالم.

بما أنّ الارض المحدودة المساحة، تمّ تقسيمها حتى آخر زاوية، نشأ صراع بين مختلف الامم المحتكرة، وبدأت نزاعات لتقسيمات جديدة، تعود أصولها الى عدم تكافؤ توزيع القوى الإقتصادية والصناعية الذي نشأ من خلال النمو غير المتكافىء للأمم. الحروب الامبريالية بدأت، ما كلّف البشرية 50 مليون قتيل، وعشرات الملايين من العجّز بالإضافة الى تدمير عدد لا يحصى من المعدّات والثروات الثقافية. وحتى قبل حدوث هذا، كتب كارل ماركس:" الرأسمال يأتي الى العالم يرشح من الرأس حتى القدم ومن كلّ مسامه دماً ووحلاً ".

النظام الرأسمالي للإنتاج، عند تقديمه كل ما بوسعه، يصبح أسوأ عائق لتقدّم الإنسانية. ولكن البرجوازية تحمل في جذورها نقيضها.

في رحمها، وسائل منتجة عظيمة تطوّرت، لكن مع الوقت، تطوّرت قوّة اجتماعية حيويّة جديدة: البروليتاريا. مقدرة على تغيير النظام القديم والمستعمل للرأسمالية الى نظام إجتماعي-إقتصادي أعلى

يتوافق مع الخيارات التاريخية للمجتمع الإنساني، محوّلة الوسائل المنتجة العظيمة الى أملاك عامة للمجتمع، الذي لا يخصّ الا الشعب الذي جمعها من خلال عمله. في هذه المرحلة من تطور القوى المنتجة بات من الواضح وجود نظام يقف مع الملكية الخاصة ومعها التبعية الاقتصادية لملايين وملايين البشر تحت وصاية أقليّة صغيرة من المجتمع.

صرخت مصالح الانسانية لوقف فوضى الانتاج، والتبذير، والأزمات الإقتصادية والحروب الجائرة التي هي جزء من النظام الرأسمالي. الحاجات المتزايدة للإنسان وإمكانية إيفاء هذه الحاجات، طالبت مصالح الانسانية بالتنمية المنظّمة للإقتصاد والاستعمال العقلاني لأدوات الإنتاج والموارد الطبيعية.

كان حتمياً وقوع الإمبريالية والإستعمار في أزمات عميقة وغير قابلة للحل. الأزمة العامة أُعلنت مع وقوع الحرب العالمية الاولى مع الثورات العمّالية والفلّاحية، التي قلبت الإمبراطورية القيصرية لروسيا، وأسست، في أعتى ظروف القهر والضغط الرأسمالي، الدولة الاشتراكية الأولى، مفتتحة عهداً جديداً للإنسانية. منذ ذلك الوقت حتى اليوم، تسود الأزمات والتحلل في النطام الرأسمالي شيئاً فشيئاً.

الحرب العالمية الثانية، التي أُطلقت من قبل القوى الإمبريالية - حيث تمّ جرّ الإتحاد السوفييتي والشعوب التي اجتيحت بضراوة في أوروبا وآسيا، انخرطت في نضال دموي للتحرّر - هدأت عند هزيمة الفاشية، وتشكّل المعسكر العالمي الاشتراكي، ونضال الشعوب

المستعمَرة والتابعة ضد الاستعمار لسيادتها. بين 1945 و 1957 اكثر من 1.2 مليار انسان حقق استقلاله السياسي في آسيا وإفريقيا.

الدم الذي نزفه الشعب لم يكن سدى.

حركة الشعوب المُستعمَرة والتابعة هي ظاهرة عالمية هزّت العالم معلنة الأزمة النهائية للامبريالية.

كوبا وأميركا اللاتينية هما جزء من العالم. أزماتنا هي جزء من الأزمات العامة للإمبريالية ونضال الشعوب المقهورة. الصدام بين العالم المولود حديثاً والعالم المحتضر. الحملة العاتية والبغيضة التي تم اطلاقها تجاه أمّتنا تعبّر عن جهد إمبريالي يائس ودون مبرر وذلك لمنع التحرر عن الشعوب.

مشاكلنا هي جزء من الصراع بين عالمٍ يولد وعالمٍ يوشك على الموت

كوبا تُهين الإمبريالية بطريقة خاصة. ما هو الخفي وراء الكره اليانكي للثورة الكوبية؟ ما هو التفسير العقلاني للمؤامرة، المتحدة للنهاية العدائية نفسها للأغنياء والأكثر قوة امبريالية في العالم المعاصر والاوليغارشيات التابعة للقارة بأجمعها بما هو مفروض أن يمثّل 350 مليون إنسان، مقابل بلد صغير تعداده فقط سبعة مليون ساكن، وغير نام اقتصادياً، وبدون أية وسائل مالية أو عسكرية من الممكن أن تهدّد أمن أو إقتصاد أي دولة أخرى. الذي يوحدهم

ويحرضهم هو الخوف. التفسير لهذا هو الخوف. ليس الخوف من الثورة الكوبية، بل الخوف من الثورة الاميركية اللاتينية. ليس الخوف من العمال، المزارعين ، المثقفين، الطلاب والشرائح التقدّمية للطبقة المتوسطة التي انتزعت الحكم بطرق ثورية في كوبا، بل الخوف أن ينتزع العمال، المزارعين، الطلاب، المثقفين والقطاعات التقدمية للطبقة المتوسطة، السلطة في البلاد المضطهدة والجائعة المستغلة من الاحتكارات اليانكية والأنظمة الأوليغارشية الرجعية في القارة الأميركية، الخوف من أن يصادر الشعب المنهوب للقارة من قاهريه، وكما حدث في كوبا، يعلن نفسه شعوباً حرة للأميركيتين.

من خلال سحق الثورة الكوبية، يتمنون ان يمحوا الخوف الذي يعذبهم، وشبح الثورة الذي يهددهم. من خلال تصفية الثورة الكوبية ، يتمنون ان يضفوا الروح الثورية لدى الشعوب. يتخيلون في هذيانهم ان كوبا هي مصدر للثورة. في عقولهم التجارية القلقة والمرابية، هناك فكرة ان الثورة ممكن شراؤها، بيعها، تأجيرها، اقراضها، وتوريدها واستيرادها كسلعة ما. متجاهلين القوانين الموضوعية التي تحكم تطور المجتمعات الانسانية، يعتقدون ان انظمتهم الاحتكارية، الرأسمالية، شبه الاقطاعية هي ابدية. مثقفين في ايديولجيتهم الرجعية، التي هي خليط من التشكك، الجهل ، عدم الموضوعية، البراغماتية، وغيرها من التخيلات، لديهم صورة عن العالم وعن سير التاريخ توافق مصالحهم كطبقات مستغلة.

يتخيلون ان الثورات ولدت او تموت في عقول الافراد، أو أنها مسبَّبة من قبل قوانين الهية، كما يعتقدون ان الآلهة الى جانبهم. كانوا

دائماً يفكرون هكذا - من المجتمع الارستقراطي المكرس للوثنية، الروماني المستعبد الذي يهلل للمسيحيين المقذوفين للأسود في السيرك وللجلادين في القرون الوسطى، كحراس للاقطاعية والملكية المطلقة، محرقين الممثلين الاول للفكر المتحرر للبورجوازية المولودة حديثا الى كهنة اليوم الذين يكفرون الثورات البروليتارية مدافعين عن البرجوازية والنظام الاحتكاري.

كل الطبقات الرجعية في كل العصور التاريخية ، وعند وصول التناقض الى حده الاقصى بين المستغِل والمستغَل، معلنة قدوم نظام اجتماعي جديد، تحولت الى أسوأ الاسلحة من ادعاءات كاذبة وقمع ضد معارضيها. المسيحيون الأوَل كانوا يرسلون للشهادة متَّهَمين باحراق روما وبالتضحية باولادهم على المذابح. فلاسفة مثل جيوردانو برونو، اصلاحيون مثل هوس. والآلاف من المعارضين للاقطاع، كانوا يتهمون بالهرطقة ويحالون الى محاكم التفتيش من قبل كبار الجلادين ويساقون ليحرقوا.

الاضطهاد اليوم يتنوع في صفوف البروليتاريا حيث أسوأ أساليب الإدعاء الكاذب ضمن الصحافة البرجوازية والاحتكارية تمهّد سبيل الجريمة. دائماً في كل حقبة تاريخية، الطبقات الحاكمة ارتكبت جرائم قتل - متعللة بالدفاع عن "المجتمع ، النظام ، والوطن" مجتمعهم الذي هو مجتمع الاقلية صاحبة الامتياز مقابل الأغلبية المستغَلة. "نظامهم" الطبقي المصان بالدم والنار مقابل المطرودين. "الوطن" الذين هم فقط يتمتعون بثماره حارمين بقية الشعب كل هذا لكي يقمعوا الثوريين الذين يتطلعون الى مجتمع جديد، ونظام عادل،

وبلد يكون للجميع حقاً.

لكن تطور التاريخ ، وتنامي مسيرة الانسانية ليس من الممكن ولن يكون من الممكن ايقافها. القوى التي تحكم الشعوب، صانعو التاريخ الحقيقيون، تتحدّد من خلال الظروف المادية لوجودهم والتطلع الى اهداف متقدّمة للعيش الكريم والحرية، هذه التطلّعات تظهر عند تطوّر الانسان في حقل العلوم، التكنولوجيا، والثقافة، هذه القوى هي أعلى من الإرادات والإرهاب التي تطلقها الأوليغارشية الحاكمة.

الظروف غير الموضوعية لكل دولة، أي (عامل الوعي) التنظيم، القيادة، بإمكانها تسريع أو تأخير الثورة، نسبة إلى درجاتها العالية (السريعة والبطيئة) والقليلة النمو، لكن عاجلاً أم آجلاً، في كلّ حقبة تاريخية، عند نضوج الظروف الموضوعية، الوعي يُكتسب، التنظيم يتشكل، القيادة تبرز والثورة تحصل.

حصول هذا يتم بشكل سلمي أو بشكل ولادة عسيرة لا تعود إلى الثوريين بتحديدها ، بل إلى القوى الرجعية للمجتمع القديم، التي تقاوم ولادة المجتمع الجديد المتولّد من التناقض الموجود في رحم المجتمع القديم. الثورة في التاريخ هي كالطبيب الذي يساهم في ولادة حياة جديدة. لا تستعمل بالضرورة ادوات القوة من دون سبب، لكن تستعملها بدون تردّد عند الضرورة للمساعدة بالولادة. ولادة تعِد المستعبدين والمستغَلّين بأمل بحياة جديدة وأفضل.

حصول الثورة بشكل سلمي أو بمخاض عسير، لا يعتمد على إرادة الإنسان الثوري

في بلاد عديدة من أميركا اللاتينية، الثورة اليوم هي حتمية. هذه الحقيقة لا تكون بإرادة أحد - إنها تتحدّد بالظروف المرعبة الاستغلالية التي يعيشها الأميركي اللاتيني، تطور الوعي الثوري للجماهير، الأزمة العالمية الإمبريالية والحركة العالمية لنضال الشعوب المقهورة.

الشعور السائد بالقلق اليوم هو دليل أكيد للثورة. الأعماق الدفينة للقارة تحرّكت بعمق، القارة التي شهدت أربعة قرون من العبودية، وشبه العبودية، والاستغلال الاقطاعي الذي بدأ بالسكان الأصليين وبالعبيد المستقدمين من إفريقيا، إلى نواة القوميات التي ظهرت لاحقا من بيض، سود، ملاطيين، مستيزو، هنود، الذين جعلهم الذل والاحتقار ونير اليانكي أخوةاليوم، أخوة في أملهم لغد أفضل.

حرّرت شعوب أميركا اللاتينية أنفسها من الاستعمار الاسباني في بداية القرن الماضي* (* التاسع عشر- المترجم) لكنهم لم يحرّروا أنفسهم من الاستغلال. المالكون الإقطاعيون استمدوا سطوتهم من الحكام الاسبان، واستمر الهنود في عبودية مؤلمة، كما استمر الأميركيون اللاتينيون بشكل أو بآخر بالبقاء عبيداً، واضمحل أي بصيص أمل تحت قوة الأوليغارشيات ونير الرأسمال الغريب. هذه كانت حقيقة أميركا اللاتينية - بشكل أو بآخر وبمتغيّر أو بآخر.اليوم،

ترزح أميركا اللاتينية تحت إمبريالية أعتى وأكثر قوة، وأقسى من الإمبراطورية الإسبانية الإستعمارية.

وفي مواجهة هذه الحقيقة الواقعية وعناد الثورة الأميركية اللاتينية، ما هو موقف الامبريالية اليانكية؟ التحضير لشنّ حرب استعمارية ضد شعوب أميركا اللاتينية، لخلق جهاز قوة، لصوغ حجج سياسية، و خلق ادوات شرعية زائفة للأوليغارشيات الرجعية لقمع نضال شعوب أميركا اللاتينية بالنار والدم.

لقد تنامى تدخّل حكومة الولايات المتحدة في السياسة الداخلية لبلاد أميركا اللاتينية بشكل مفتوح وغير ملجوم.

مثلاً، مجلس الدفاع الأميركي كان ولا يزال الحاضن لتدريب الضباط الأميركيين اللاتينيين الموالين لليانكي والذين هم الأكثر رجعية، لاستخدامهم فيما بعد لعمليات الإنقلاب العسكرية في خدمة الإحتكارات.

بعثات الولايات المتحدة الى كل بلاد أميركا اللاتينية شكّلت جهازاً دائماً للتجسّس في كل دولة مرتبطة مباشرة بوكالة الاستخبارات المركزية (السي آي آيه). لقد غرست هذه البعثات في أذهان هؤلاء الضباط أكثر المشاعر رجعية محاولة تحويل الجيوش الى أدوات لخدمة مصالحها السياسية والاقتصادية.

في منطقة قناة باناما، نظمت القيادة العليا للولايات المتحدة دروساً خاصة لتدريب الضباط الأميركيين اللاتينيين للمحاربة بوجه المقاتلين الثوريين (guerillas= الداغرين - من الداغر - المقاتل في حرب العصابات)، ولقمع حركة جموع الفلاحين بوجه الاستغلال

الاقطاعي الذي التابعين له.

وفي الولايات المتحدة نفسها نظّمت وكالة الاستخبارات المركزية مدارس خاصة لتدريب العملاء الأميركيين اللاتينيين على أبشع أنواع القتل، وفي القوات المسلحة الاميركية ، تعتبر سياسة التصفية الجسدية للقادة المعادين للإمبريالية سياسة مقبولة.

السفارات اليانكية في مختلف بلاد أميركا اللاتينية مشهورة بتنظيم وتعليم وتجهيز الفرق الفاشية لنشر الارهاب ولمهاجمة العمّال، الطلاب والمنظّمات الثقافية. هذه الفرق المؤلفة من ابناء الاوليغارشيات والتابعين وضعاف النفوس، ارتكبت أعمالاً عدوانية ضد حركات الجموع.

ليس هنالك ما يكشف بوضوح وبدون ريبة نوايا الإمبريالة أكثر من تصرّفها الاخير في سانتو دومينغو [2] . بدون أي تبرير وبدون حتى استخدام العلاقات الدبلوماسية مع هذه الجمهورية ، وبعد أن مركزت الولايات المتحدة سفنها الحربية قبالة عاصمة الدومينيكان، أعلنت الولايات المتحدة وبغطرستها المعهودة إنها إذا سعت حكومة بالاغوير لمساعدة عسكرية، فإنها - الولايات المتحدة - سوف تُنزل قوات في سانتو دومينغو ضد عصيان شعب الدومينيكان. تناست

2. في تشرين الثاني/نوفمبر 1961، وفي ضوء التمرد المتزايد في جمهورية الدومينيكان ضد حكومة يواكيم بالاغوير، أرسلت واشنطن سفنها الحربية الى شاطئ الدومينيكان. أشعل التمرد بعد عودة أخوة الديكتاتور السابق رافاييل تروجيللو، الذي اغتيل قبل ستة أشهر-الى سانتو دومينغو، وفي نيسان/ابريل سنة 1965 أكثر من 20 ألف جندي من الولايات المتحدة اجتاحوا جمهورية الدومينيكان لسحق انتفاضة شعبية بقيادة مناصرين لخوان بوش الذي اطيحت حكومته بانقلاب عسكري قبل سنتين.

الولايات المتحدة أن قوة بالاغوير هذه كانت لا شرعية، و أن كل دولة ذات سيادة في اميركا اللاتينية يجب ان يكون لديها الحق في حل مشاكلها الداخلية بدون تدخل اجنبي، وأن هناك معايير دولية ورأياً عالمياً، وأنّ هناك حتى منظمة الدول الاميركية ، لم يدخل كل هذا في حسابات الولايات المتحدة.

والذي دخل فقط في حساباتها، كانت خططها للقبض على الثورة الدومينيكانية، وإعادة تأسيس سياستها الوقحة بإنزال قواتها البحرية، بدون أي أساس أو أي متطلبات لتأسيس هذا القانون القرصاني الجديد، إلا بطلب بسيط من قبل الحاكم الطاغي المستغل الأزمات.معنى هذا يجب ألا يُخفى على شعوب أميركا اللاتينية. ففي أميركا اللاتينية هنالك حكام بوفرة من الذين يطلبون الفرق اليانكية ضد شعوبهم عندما يجدون أنفسهم في أزمة.

اعلان الولايات المتحدة الإمبريالي سياسة إرسال قوات لمحاربة أي حركة ثورية في أيّ بلد من أميركا اللاتينية، أي بكلام آخر، لقتل العمال، الطلاب ، المزارعين، والرجال والنساء اللاتينيين الاميركيين، لم يكن لديه أي هدف سوى الصيانة الدائمة لمصالحها الاحتكارية وامتيازات الاوليغارشيات الخائنة التي تدعمها.

من الواضح الآن للعيان أنّ المعاهدات العسكرية الموقّعة بين حكومة الولايات المتحدة والحكومات الاميركية اللاتينية - والتي غالبا ما تكون معاهدات سرية وبدون علم الشعب - مفترضة اخطاراً غريبة ليست محددة لأحد. كان لديها هدف واحد ووحيد وهو منع نضال الشعب. كانت معاهدات ضد الشعب ، ضد الخطر الاوحد

- الخطر الاصيل لحركة التحرر في كل دولة - وهو تعريض مصالح اليانكي للخطر. ولم يكن بدون سبب أن الشعب سأل نفسه: لما كل هذه الإتفاقيات العسكرية؟ ولماذا تكون شحنة الاسلحة - والتي تكون بدون فائدة في الحرب الحديثة - فاعلة لسحق الإضرابات، قامعة التظاهرات الشعبية، مخضبة الأرض بصباغ الدم؟ ولماذا البعثات العسكرية، ولماذا حلف ريو دي جانيرو [3]، ولماذا ألف مؤتمر ومؤتمر دولي؟

منذ الحرب العالمية الثانية، تم إفقار بلاد أميركا اللاتينية أكثر فأكثر. صادراتها تدنت قيمتها شيئا فشيئا، وارداتها أصبحت تكلف أكثر، معدل الدخل انخفض، المعدل المخيف لوفيات الاطفال لا يتدنى، ارتفعت أعداد الأميين، وافتقر الشعب إلى فرص العمل ، وإلى الارض والسكن اللائق والمدارس والمستشفيات ووسائل التواصل، وإلى سبل الحياة. ومن جهة أخرى، يتعدى استثمار الولايات المتحدة الـ 10 مليارات دولار. أميركا اللاتينية ، بكلام آخر، هي المزود للمواد الأولية الرخيصة والشاري لسلع غالية. وعلى غرار الفاتحين الإسبان الأوائل، الذين بادلوا المرايا والحلى التافهة بالذهب والفضة - هكذا هي تجارة الولايات المتحدة مع أميركا اللاتينية. لحراسة سيل الاثرياء ، ولكسب سيطرة أكثر على موارد أميركا اللاتينية واستغلال معاناة شعوبها- هذا هو الخفي في المعاهدات العسكرية، البعثات العسكرية، والكيد

3. تم توقيع على معاهدة المساعدة المتبادلة في 2 أيلول/ سبتمبر 1947 في ريو دي جانيرو من قبل 21 حكومة، بما فيها الولايات المتحدة. أعلنت المعاهدة أن أي اعتداء على أي بلد موقع على المعاهدة يُعتبر اعتداء على جميع من وقع المعاهدة.

الدبلوماسي لواشنطن.

سياسة الخنق التدريجي لسيادة الأمم الأميركية اللاتينية كما سياسة اليد الحرة للتدخل في الشؤون الداخلية بلغت الذروة في الإجتماع الأخير لوزراء الخارجية في بونتا ديل ايستي [4]. جمعت الإمبريالية اليانكية الوزراء لانتزاع رفض السيادة الوطنية لشعوبنا - عبر الضغط السياسي والإبتزاز الإقتصادي غير المسبوق بالتنسيق مع حفنة من الحكام الفاقدي الشرعية لهذه القارة - وتكريس الحق الوقح لليانكي بالتدخّل في الشؤون الداخلية لأميركا اللاتينية، لانتزاع خضوع الشعوب الكلي لارادة الولايات المتحدة لشمال اميركا، والتي قاتل ضدها كل رجالنا العظماء من بوليفار الى ساندينو. لم يحاول كل من حكومة الولايات المتحدة وممثليها من اوليغارشيات استغلالية، وصحافتها الرجعية التي تعيش من المحتكرين ومن الاقطاعيين، إخفاء هدفه. طالبوا علانية باتفاقيات لتشرع رسمياً قمع حق الشعوب في تقرير مصيرها، متنازلين عنه "بجرّة قلم" في أكثر المؤامرات السيئة السمعة في ذاكرة هذه القارة.

4. بونتا دل ايستي. أوروغواي، 22-13 كانون الثاني/يوليو. المكان عُقد فيه اجتماعٌ لوزراء خارجية اميركا اللاتينية والولايات المتحدة برعاية من منظمة الدول الاميركية. الاجتماع طرد كوبا من عضوية المنظمة وطلب من دول اميركا اللاتينية دعم اجراء عسكري ضد كوبا. ترأس وفد كوبا الرئيس أوسفالدو دورتيكوس والذي أدان الخطوات الامبريالية.

كوبا تتكلم باسم مستغَلي أميركا اللاتينية، الولايات المتحدة تتكلم باسم المستغِلّين

خلف الأبواب المغلقة، وفي اجتماعات سرية كريهة، حيث كرّس وزير مستعمرات اليانكي أياماً لقمع مقاومة وإباء الوزراء المختلفين مقحماً ملايين خزينة اليانكي في اللعبة المكشوفة لبيع وشراء اصوات الناخبين، فرضت حفنة من ممثلي الاوليغارشيات التي تمثل بالكاد ثلث عدد سكان القارة. هذه الحفنة فرضت الاتفاقيات التي قدمت إلى سيدها اليانكي على طبق من فضة رأس المبدأ الذي كلف دماء كلّ بلادنا منذ حروب الاستقلال.

الحالة البيروسية [الانتصار الذي يُنتزع بثمن باهظ - المترجم] لهكذا إنجاز حزين ومزيف للامبريالية، فشلها الاخلاقي، الإجماع المنقوص، والفضيحة العالمية لا يقلل من الخطر الجسيم للاتفاقات المفروضة بهكذا ثمن على شعوب اميركا اللاتينية.

عند هذا الاجتماع غير الأخلاقي رُفع صوت كوبا الهادر من دون ضعف او خوف، ليبيّن الهجوم الوحشي أمام شعوب اميركا والعالم، وليدافع بكل العنفوان والكرامة اللذين سيخطّان في كتب التاريخ، ليس فقط عن حقوق كوبا، بل عن الحقوق المهجورة للأمم الشقيقة في القارة الاميركية.لم تستطع كلمة كوبا أن تجد صدىً ضمن هذه

الأغلبية المنقوصة، حتى لم تجد ملاذاً، وجدت فقط الصمت العاجز أمام حججها الدامغة وأمام وضوح وشجاعة كلماتها. كوبا لم تكن تتكلّم مع الوزراء، كوبا كانت تتحدث عن الشعب ومع التاريخ حيث الكلام يلقى صدىً وجواباً.

في "بونتا ديل استي" تم الكشف عن معركة إيديولوجية عظيمة بين الثورة الكوبية والإمبريالية اليانكية. مَن مثّل كل جهة، ولأجل من تكلم كل طرف؟ كوبا مثّلت الشعب، الولايات المتحدة مثلث الاحتكارات. كوبا تكلمت باسم الجموع المستغَلة في أميركا اللاتينية، بينما تحدّثت الولايات المتحدة باسم المصالح المستغِلة الإمبريالية والأوليغارشية. كوبا مع السيادة، الولايات المتحدة مع التدخل. كوبا مع تأميم الشركات الأجنبية، الولايات المتحدة مع استثمارات جديدة برؤوس اموال اجنبية. كوبا من أجل الثقافة، الولايات المتحدة من أجل الجهل.

كوبا مع الاصلاح الزراعي، الولايات المتحدة مع عقارات على مساحات ضخمة من الأراضي. كوبا مع جعل الأميركيتين صناعيتين، الولايات المتحدة مع جعلها و ابقائها غير نامية.

كوبا مع العمل المبدع، الولايات المتحدة مع التخريب والعمل المضاد للثورة من قبل عملائها - تدمير حقول ومصانع قصب السكر، تدمير عمل شعب مسالم عبر طائراتهم القرصانية. كوبا مع عمال محو الأمية المغتالين، الولايات المتحدة مع القاتلين [5].كوبا مع الخبز، الولايات المتحدة مع الجوع.كوبا مع المساواة، الولايات المتحدة مع

5. خلال الايام الأولى للثورة، نظمت ودعمت وموّلت العصابات المعادية للثورة

التميز والامتياز. كوبا مع الحقيقة، الولايات المتحدة مع الكذب. كوبا مع التحرير، الولايات المتحدة مع القمع. كوبا مع مستقبل مشرق للإنسانية، الولايات المتحدة مع الماضي دون أمل. كوبا مع الابطال الذين سقطوا في جيرون لانقاذ الوطن من الهيمنة الأجنبية [6]، الولايات المتحدة مع المرتزقة والخونة الذين يخدمون الأجانب ضدّ بلادهم. كوبا مع السلام بين الشعوب، الولايات المتحدة مع الاعتداء والحرب. كوبا مع الاشتراكية، والولايات المتحدة مع الرأسمالية.

الإتفاقات المعهودة مع الولايات المتحدة من خلال طرق مخجلة جداً حدت بالعالم أجمع على انتقادها، لا تنتقص هذه الاتفاقات من أخلاقية وعدل الموقف الكوبي، بل تزيدها أخلاقاً وعدلاً. ويفضح عدل الموقف الكوبي وأخلاقيته الطرق المتبعة من قبل الأوليغارشيات التي تخون وتبيع المصالح الوطنية، ويبين للشعب الطريق للتحرير.

التي ارتكبت افعال تخريب وارهاب في الارياف والمدن عبر كوبا.
بين الضحايا، كان هنالك المعلمون المتطوعون التسعة وطلابهم الذين كانوا جزءاً من الحملة الناجحة التي قادتها الحكومة الثورية عام 1961 لمحو الأمية خلال عام واحد. بنهاية الحملة، كان هناك مليون كوبي يستطيع القراءة والكتابة، وذلك نتيجة لجهود 100 ألف شابّ متطوع ذهبوا الى الارياف والى احياء الطبقة العاملة المعزولة، حيث عاشوا مع المزارعين والعمال.

6.في 17 نيسان / ابريل 1961، اجتاح 1500 مرتزقة كوبي في خليج الخنازير في الساحل الجنوبي للجزيرة. الحركة المنظمة من واشنطن كانت تهدف الى إقامة حكومة مؤقتة تطلب مباشرة تدخل الولايات المتحدة. لكن سرعان ما تمت هزيمة المجتاحين على يد الميليشيا والقوات المسلحة الثورية والشرطة في أقل من 72 ساعة ولم يتمكنوا من الحصول على موطئ قدم في الجزيرة. استسلم آخر المرتزقة في 19 نيسان / ابريل على شاطئ جيرون، وهو الاسم الذي يستعمله الكوبيون للدلالة على المعركة.

إنّها تكشف فساد الطبقات المستغِلة في أميركا اللاتينية التي تكلم ممثّلوها في "بونتو ديل استي".

منظمة الدول الأميركية كُشفت على حقيقتها والتي هي مستعمرة مملوكة من قبل وزارة المستعمرات اليانكية، تحالف عسكري، أداة قمع ضد حركة التحرّر لشعوب أميركا اللاتينية.

منظمة الدول الأميركية: وزارة مستعمرات اليانكي

لقد عاشت كوبا ثلاث سنوات من الثورة تحت وابل من المضايقات المستمرة والتدخل اليانكي المستمر في شؤوننا الداخلية. الطائرات القرصانية الآتية من الولايات المتحدة الاميركية، ترمي مواداً حارقة تشعل عشرات ملايين الأرطال من قصب السكر. أعمال تخريب دولية من قبل عملاء اليانكي كتفجير باخرة "لا كوبريه"، كلّفت العشرات من الحيوات الكوبية [7]. آلاف الأسلحة القادمة من الولايات المتحدة أسقطت في مظلات من قبل الجهاز العسكري للولايات المتحدة في أراضينا لدعم التمرد. مئات الأطنان من المتفجرات

7. في 4 آذار / مارس 1961، انفجرت الباخرة الفرنسية "لا كوبريه" في ميناء هافانا حاصدة 101 شخص، وكانت الباخرة محملة ذخائر بلجيكية كانت قد اشترتها كوبا.

والأدوات الجهنمية تم إنزالها سرّاً من قبل عبّارات الولايات المتحدة لدعم التخريب والإرهاب. تمّ تعذيب عامل كوبي في القاعدة البحرية لغوانتانامو وحرم من حياته بدون أن يسبق أو يلي التوقيف أي إجراء أو تفسير [8]. حصتنا لبيع السكر أوقفت بدون مبرر وتم إعلان الحصار على القطع والمواد الأولية للمصانع والمعدات الصناعية الأميركية لتخريب اقتصادنا [9]. كانت الموانىء والتجهيزات عرضة لهجمات مفاجئة من قبل بوارج عسكرية وطائرات منطلقة من قواعد عسكرية للولايات المتحدة. اجتاحت أراضينا فرق المرتزقة ، التي درّبتها ونظّمتها الولايات المتحدة في بلاد أميركا الوسطى، مصاحبة بسفن أسطول اليانكي والدعم الجوي من قواعد أجنبية مسبّبة خسائر كثيرة في الاشخاص والعتاد. يتم تدريب المرتدين الكوبيين

8. في 19 تشرين الأول / اوكتوبر 1961، تم توقيف روبين لوبيز ساباريغو في قاعدة غوانتانامو العسكرية البحرية في الجنوب الشرقي لكوبا. وجد عمال كوبيون جثته بعد أيام في اراض تابعة للقاعدة. هذه القاعدة البحرية تأسست خلال احتلال الولايات المتحدة لكوبا في بداية القرن العشرين. وضمن الاتفاق المعهود، لا وجود لحدٍّ زمني لسيطرة واشنطن على القاعدة ومن الممكن فقط تغيير هذا بموافقة الطرفين. وتبقى قاعدة غوانتانامو ليومنا هذا تحت اعتراضات الشعب الكوبي والحكومة

9.كوتا السّكر كانت هي الكمية من السكر الكوبي التي تسمح واشنطن ببيعها في اسواق الولايات المتحدة. في تموز / يوليو 1960، أمرت حكومة الولايات المتحدة بتخفيض حصة كوبا من بيع السكر (كوتا السكر) الى 700 ألف طن، وسرعان ما تم إلغاء الكوتا باكملها. في تشرين الأول/ اوكتوبر 1960 أعلنت واشنطن حصارا جزئيا على التجارة معٍ كوبا. الحصار العام فرضه الرئيس كينيدي في 3 شباط/فبراير 1962، يوماً قبل الإعلان الثاني لهافانا. وتم تضييق الحصار الوحشي وبدعم من الحزبين منذ ذلك الحين.

في جيش الولايات المتحدة ويتم وضع خطط جديدة للاعتداء على كوبا. كل هذا يحصل بدون توقف منذ ثلاث سنوات وأمام أعين القارة بأجمعها، ومنظمة الدول الاميركية لا تعلم به؟

الوزراء يجتمعون في "بونتا ديل ايستي" ولا يدينون حتى الولايات المتحدة ولا الحكومات التي تشارك في الإعتداء معها. إنهم يطردون كوبا، الضحية الأميركية اللاتينية، الأمّة المعتدى عليها.

لدى الولايات المتحدة اتفاقات عسكرية مع دول في جميع القارات، لديها أحلاف عسكرية مع الفاشيين، العسكريين، وأي حكومة رجعية في العالم: NATO, SEATO, CENTO ، والتي نزيد عليها الآن منظمة الدول الاميركية. تتدخّل الولايات المتحدة في لاوس،فيتنام، كوريا، فورموزا وبرلين. وترسل سفنها علانية إلى سانتو دومينغو لفرض قانونها وإرادتها، وتعلن اقتراحها لاستعمال حلفائها في الناتو لحصار اقتصادي على كوبا. ومنظمة الدول الاميركية لا تعلم بذلك؟! الوزراء يجتمعون ويطردون كوبا التي لا تملك أي معاهدة عسكرية مع أية دولة. وهكذا حكومة الولايات المتحدة التي تنظم حملات تخريبية سرية فارضة أحلافاً عسكرية في قارات أربع، تجبر على طرد كوبا، متهمة اياها بتنظيم من حملات تخريبية سرية وروابط بعيدا من القارة.

كوبا هي الدولة الأميركية اللاتينية التي جعلت من مائة ألف من صغار المزارعين ملاكين [10]. أمنت وظائف على مدى السنة في مزارع

10. حدد قانون 17 أيار/مايو 1959 للاصلاح الزراعي حد الملكية الفردية بألف فدان. أدى تطبيق القرار الى مصادرة اراض واسعة في كوبا، العديد منها كانت

الدولة وتعاونياتها لجميع الفلاحين. حولت كوبا الحصون الى مدارس. أعطت كوبا سبعين ألف منحة جامعية وثانوية ومهنية. صنعت كوبا صفوفا تكفي جميع الأطفال. محت الأمية كلياً. زادت نسبة الخدمات الطبية أربعة أضعاف. أممت المصالح الأجنبية. قمعت كوبا النظام الاستغلالي الذي حوّل المسكن الى أداة لاستغلال الشعب. محت كوبا البطالة تقريباً بشكل نهائي، قمعت كوبا التمييز ، الجنسي أو العرقي. خلصت كوبا نفسها من القمار والرذيلة ومن الفساد الإداري، سلحت كوبا الشعب. جعلت كوبا من التمتع بحقوق الانسان حقيقة معاشة من خلال تحرير الرجال والنساء من الاستغلال، نقص الثقافة، وعدم المساواة الاجتماعية. حررت كوبا نفسها من جميع أشكال التبعية، مكتسبة سيادة كاملة، مؤسسة أسس نمو اقتصادها كي لا تعود أبدا كوبا بلداً منتجاً لسلعة زراعية واحدة وهي السكّر أو تكون بلداً يصدر مواداً أولية.

بالرغم من هذا، طُردت كوبا من منظمة الدول الأميركية الـ O.A.S من قبل حكومات لم تحقق لشعبها أي من هذه الأهداف. كيف سيتمكنون من تبرير تصرفهم أمام شعوب الاميركيتين وشعوب العالم؟ كيف سينكرون أن مفهومهم لسياسة الأرض، الخبز، العمل، الصحة، مفهومهم للحرية، للمساواة وللثقافة، ولتسارع النمو الاقتصادي، للكرامة الوطنية، وللسيادة المطلقة وتقرير

تملكه شركات من الولايات المتحدة، وكانت المصادرة لصالح الحكومة الجديدة. منح القانون أيضاً الاراضي للعمال الزراعيين والأجراء الزراعيين.

المصير الكامل، ليس مطابقا مع مبادئ نصف الكرة الارضية[11]؟ الشعب يفكّر بطريقة مختلفة جداً. الشعب يعتقد أن الأمر الوحيد غير المطابق لمصير أميركا اللاتينية هو البؤس، الاستغلال الاقطاعي، الأمية، الرواتب المتدنية جداً، البطالة، سياسة القمع ضد جموع العمّال، المزارعين، والطلاب، التمييز العنصري ضد النساء، السود، الهنود، المستيزوس [الهجين من أبوين هندي أميركي وأوروبي أبيض - المترجم]، اضطهاد الأوليغارشيات، وتأمين الإحتكارات اليانكية لثرواتهم، اختناق مثقفيهم وفنانينهم، إفلاس المنتجين الصغار بالمنافسة الاجنبية، الاقتصاد غير النامي، أناس بدون طرقات، بدون مستشفيات، سكن، مدارس، ومصانع، الخضوع للإمبريالية، نبذ السيادة الوطنية وخيانة الوطن.

كيف سيفسّر الإمبرياليون تصرّفهم المذنب تجاه كوبا؟ بأية كلمات وحجج سيتكلمون مع هؤلاء المتجاهلين الذين ما زالوا يستغلونهم منذ زمن؟

الذين يدرسون مشاكل أميركا اللاتينية عادة ما يسألون: أية دولة ركزت لهدف العلاج على حالة الثبات، الفقر، الهنود، السود، والأطفال العديمي الحيلة، هذا العدد الهائل من الأطفال - 30 مليون في 1950 (الذي سيصبح 50 مليوناً في ثماني سنوات) - نعم، أية دولة؟

11. جملة من قرار بونتا ديل ايستي حول مسيرة كوبا أنها "غير متوافقة مع مبادئ وأهداف النظام عبر الأميركيتين

32 مليون هندياً يشكّلون العمود الفقري للقارة الأميركية كلها

اثنان وثلاثون مليون هندي يشكّلون العمود الفقري - مثل جبال الأنديز - للقارة الأميركية كلّها. أصبح من الواضح أن هؤلاء الذين اعتبروا الهنود أشياء أكثر من اعتبارهم بشراً، اعتبروا هذا الكم من الانسانية لا يعد، ولم يعد كما اعتقدوا، ولن يعد. طبعا، عندما يتم اعتبارهم قوة عاملة "خام"، عليهم ان يُستخدموا كثيران الحقل أو كمحراث.

كيف يؤمن أي أحد بفائدة الامبريالية، بأي حلف يعقد للتقدم معها [12] - تحت أي قسم - في حين ما زال السكّان الأصليون لجنوب القارة، مثل باتاغونيا، يواجهون تحت حمايتها المقدسة مجازر الإمبريالية وإعداماتها. ما زالوا يعيشون تحت أغطية من قماش كما فعل أسلافهم عند قدوم المستكشفين منذ 500 عام مضت؟ هذه الاعراق العظيمة التي سكنت شمال الارجنتين، باراغواي، وبوليفيا، ومثل الغواراني الذين تم إنقاص عددهم بوحشية، تمت مطاردتهم كالحيوانات وتم دفنهم في أعماق الادغال. هذا الخزان من الشعوب الأصلية - الذي كان من الممكن أن يصبح حضارة أميركية لاتينية

12. "التحالف من أجل التقدّم" كان برنامجاً برعاية الولايات المتحدة تأسس سنة 1961 كرد على الثورة الكوبية ومثّلَها. رصد البرنامج 20 مليار دولار لحكومات أميركا اللاتينية كقروض على مدة عشر سنوات وذلك لوقوفها بوجه كوبا.

عظيمة - يشاهد انقراضه بشكل مستمر. عبر المستنقعات الباراغوية والمرتفعات المعزولة البوليفية، في عمق نفسها، أودت أميركا اللاتينية بهذه الاعراق الغاضبة الى وحشية الكحول والمخدرات التي أدمنوا عليها لكي يستطيعوا العيش في ظروف لا إنسانية (ليس بالنسبة الى الغذاء فقط).

سلسلة أراضٍ تمتد تقريباً من دون جدوى، عبر القرون، فوق القمم والمنحدرات الآندية، عبر أنهار عظيمة وفي ظلال الغابات، هذه السلسلة من الأيدي تمتدّ لتوحّد بؤسها مع هؤلاء الذين يتلاشون - القبائل البرازيلية وقبائل شمال القارة والساحل، وصولاً الى أدغال الأمازون الوحشية أو جبال بريخا، الى فنزويلا المائة ألف هندي موتيلي، من ثمّ الى فابيشارناس المعزولة، الذين ينتظرون نهايتهم، خسرهم الآن تقريبا الجنس البشري، في مناطق غواياناس الحارة. نعم، كل هؤلاء ال32 مليون الذين يمتدون من حدود الولايات المتحدة الى حدود نصف الكرة الجنوبي، وال45 مليون مستيزوس الذين يختلفون قليلاً عن الهنود، كل هؤلاء السكان الأصليين، هذا الخزان العمالي الهائل، الذين تم الدوس على حقوقهم - نعم، ماذا باستطاعة الامبريالية تقديمه اليهم؟ كيف بامكان هذه الشعوب، المتجاهلة لزمن، أن تصدق أي مكسب يأتي من ايدٍ ملطخة بالدماء؟

قبائل بأكملها تعيش بلا ثياب. آخرون من المفترض أنهم آكلو لحوم بشر، و يموت غيرهم من أعضاء القبيلة كالذّباب، عند أول احتكاك مع الحضارة الفاتحة. آخرون أيضاً تمّ طردهم من أراضيهم، دُفعوا الى أماكن محددة في الأدغال، الجبال، أو أبعد مسافة باستطاعة أيّ كان

بلوغها، حيث لا تجد حتى أصغر دليل على حضارة ما، ضوء، خبز، أو أي شيء آخر بامكانه دخولها.

بأي (تحالف) - غير ذلك الخاص بابادتهم السريعة - ستصدّق هذه الأعراق الأصلية، هذه الأعراق التي كانت عرضة للطرد لقرون، قتلت لتُسلَب أرضها، ثم ضُربت حتى الموت من قبل الآلاف لعدم عملها بالسرعة الكافية لتُستَغلّ بعملها لصالح الإستغلال الإمبريالي؟

والسود ؟ أي (تحالف) يعرضه نظام استبعاد وشنق السود الوحشي في الولايات المتحدة الى 15 مليون أسود و14 مليون ميلاطي من أميركا اللاتينية، الذين يعرفون برعب وغضب أن اخوتهم في الشمال لا يستطيعون أن يتواجدوا بالمركبات نفسها مع مواطنيهم البيض، ولا يستطيعون ارتياد المدارس نفسها ولا حتى الموت في نفس المستشفيات عينها؟

كيف بإمكان هذه المجموعات العرقية تصديق هذه الإمبريالية المرفوضة، بإفاداتها، أو بأية (تحالف) معها "عدا عن شنقهم واستغلالهم كعبيد". هذه الجموع التي لم يُسمح لها بالتمتّع، ولو بتواضع، بأي فائدة ثقافية أو اجتماعية أو حتى مهنية - حتى عندما يكونون الغالبية أو عددهم ملايين - كانت تعامل بشكل سيء من قبل الامبرياليين في عصابات الكوكلاكس كلان. هذه الجموع كانت محجوزة في أكثر الأحياء غير الصحية، في المباني الأقل راحة التي بنيت خصيصاً لهم وعلى عجل، اشتغلوا بأكثر الأعمال قذارة، صعوبة والاقل إنتاجية. لا يستطيعون أن يبلغوا الجامعات، الأكاديميات المتطوّرة، أو المدارس الخاصّة.

أيّ "حلف من أجل التقدم" بإمكانه أن يكون حافزاً لتشجيع هؤلاء المائة وسبع مليون رجلاً وامرأة في أميركتنا، عماد القوة العاملة في المدن والحقول، اصحاب البشرة الداكنة - السوداء، المستيزوس، الملاطيين، الهنود - والتي تبعث بشرتهم الداكنة السخرية في المستعمرين الجدد؟ كيف بإمكانهم أن يضعوا أيّ ثقة في الحلف المفترض وهم الذين شاهدوا بعجز كيف أنّ في باناما، هنالك معيار لأجر اليانكي ومعيار آخر للبانامي، كما يعلمون ان البانامين يعتبرون عرقا أدنى!؟

كيف سيُصدّق السود في الولايات المتحدة بأحقية مصالح الإمبريالية؟

بماذا يأمل العمّال، مع رواتبهم المعدمة، وأقسى الأعمال، وأكثر الشروط بؤساً، والنقص في التغذية، المرض، وكل الشرور التي تولّد البؤس؟

أيّ كلمات تقال؟ أي فائدة بامكان الامبريالية أن تقدم لعمال مناجم النحاس، التنك، الحديد، وعمال مناجم الفحم الحجري الذين فقدوا رئاتهم لصالح الأسياد الاجانب العديمي الرحمة، أو الى آباء وأبناء الحطّابين أو عمال مزارع المطاط والمتّة، إلى حصادي المزارع المثمرة من عمال طواحين السكر والبن، أو الى العمال الكادحين في الحدائق

"في هذا النضال لتحرير اميركا اللاتينية، جاوب الشعب الكوبي: "حاضرون!" كوبا لن تسقط".

الصورة ادناه: جزء من الحشد المليوني خلال التجمع العام للشعب الكوبي. "كوبا منارة الحريات" اليافطة. واليافطة الوسطى التي تحذر من الذين يودون اجتياح كوبا: "هؤلاء الذين أتوا ليبقوا".

BOHEMIA

GRANMA ARCHIVES

الشعب الكوبي صنع من حقوق الانسان واقع حقيقي معاش من خلال تحرير الرجال والنساء من الاستغلال، النقص بالثقافة، وعدم المساواة الاجتماعية".

BOHEMIA

GRANMA ARCHIVES

قاوم الشعب في كوبا الاعتداءات المضادة للثورة من قبل واشنطن من قبل الولايات المتحدة والرأسماليين الكوبيين واصحاب الاراضي. وكما "تدخل" العمال في اماكن العمل لمحاربة التخريب الاقتصادي، الحكومة الثورية امت الشركات الكبيرة التابعة للولايات المتحدة والكوبية بين آب\اغسطس وتشرين الثاني\اوكتوبر 1960.

اعلى الصفحة المقابلة: عامل كوبي يزيل اسم شركة الهاتف الكوبية المملوكة سابقا من قبل الولايات المتحدة، آب \ اغسطس 1960 . **الاسفل:** الاحتفال لنجاح حملة المحو الأمية التي امتدت سنة، هافانا، كانون الاول\ديسمبر 1961 ، من قبل عشرات الآلاف من المتطوعين الشباب والمزارعين والتي علمت القراءة والكتابة. تم اغتيال تسع كوبيين - منهم متطوعين من معلمين ودارسين مزارعين - من قبل المعادين للثورة في 1961.

أعلى هذه الصفحة: مقاطعة كاماغوي، 1942 ، اجلاء المزارعين الكوبيين من المزارع.

اسفل الصفحة: بعد الثورة، وتحت قانون أيارا مايو 1959، تلقى مئة ألف مزارع كوبي وثائق ملكية الاراضي الذين يحرثوها.

NUEZ / REVOLUCIÓN

" في بونتا دل استي، كوبا لم تكن تتكلم الى وزراء منظمة الدول الاميركية، كوبا كانت تتحدث الى التاريخ والى الشعب، حيث تجد الكلمات صدى ورد".

JOSEPH HANSEN / MILITANT

BOHEMIA

الصفحة المقابلة، أعلى: أرنستو تشي غيفارا يرفض الاستغلال الاميركي لأميركا اللاتينية في اجتماع منظمة الدول الاميركية، في بونتا دل ايستي، الاوروغواي، آب/ أغسطس 1961. بعد ستة اشهر، وايضا في بونتا دل ايستي، طردت كوبا من منظمة الدول الاميركية بعد تحريض واشنطن. **في الاسفل**: الصحف الموبية تسخر من منظمة الدول الاميركية وتصورها كدمية في يد الولايات المتحدة وكتغطية للمرتزقة الذين اجتاحوا كوبا في خليج الخنازير. **هذه الصفحة**: المظاهرات التي حصلت في الاميركيتين اوائل 1960 لادانة هجومات الولايات المتحدة. **في الاعلى**: لجنة الدفاع عن حق كوبا تعترض خارج مبنى الامم المتحدة في نيويورك، تشرين الاول / نوفمبر 1960. **الوسط**: كاراكاس، فنزويلا 26 تموز / يوليو 1960. **في الاسفل**: لا باز، بوليفيا، نيسان/ابريل 1961.

"حيث الطريق مقفلة بوجه الشعب، ليس من العدل خداع هذا الشعب بوهم انتزاع السلطة من الطبقات الحاكمة المحصنة، هذه السلطة التي سوف تدافع عنها هذه الطبقات بالنار والدم".

CECIL STOUGHTON/JFK PRESIDENTIAL LIBRARY & MUSEUM

GRANMA ARCHIVES

أعلى هذه الصفحة: في مانون الثاني/ ديسمبر 1962 في ميامي، رئيس الولايات المتحدة جون ف. كينيدي يرحب بعودة المرتزقة الكوبيين المعتقلين في خليج الخنازير. **من اليسار**: المرتد مانويل ارتيم، خوسيه ميرو كاردونا رئيس الوزراء الكوبي الاول والذي تم استبداله في 1959 بفيدل كاسترو في شباط/ فبراير، كينيدي والسيدة الاولى جاكلين بوفييه كينيدي. **في الاسفل**: الديكتاتور فلجانسيو باتيستا يتلقى هاتفا من الذهب الخالص من شركة الهاتف الكوبية المملوكة من قبل الولايات المتحدة، كعربون شكر للموافقة على الزيادات الضخمة في آذار/ مارس 1957. **الصفحة المقابلة: الأعلى والوسط**: القوات المسلحة الثورية الكوبية، الميليشيا والشرطة سحقوا اجتياح 1500 مرتزقة مدعومين من الولايات المتحدة في نيسان / ابريل 1961 وذلك في خليج الخنازير (بلايا خيرون). **الصفحة المقابلة/ اسفل**: النساء في سانتو دومينغو يواجهن فرق الولايات المتحدة بعد اجتياح جمهورية الدومينيكان من قبل واشنطن، نيسان/ ابريل 1965.

GRANMA ARCHIVES

BOHEMIA

EDITORIAL DE CIENCIAS SOCIALES

AP/WIDE WORLD PHOTOS

PRENSA LATINA

"هذه الجموع المجهولة من الاميركيتين بدأت تخط تاريخها الخاص".

الأعلى: عمال مناجم التنك، يمسكون بالديناميت، محتجين على قتل متظاهرين من الطلاب في أوريورو، بوليفيا، تشرين الثاني / اوكتوبر 1964. **الوسط**: اتحادات نقابات المزارعين في "وادي لا كونفنسيون" ، البيرو، يطالبون باراض، اوائل الـ 1960. اليافطة "الارض او الموت، سننتصر". **في الاسفل**: باناميون يطالبون بالسيادة على القناة التي تسيطر عليها الولايات المتحدة، تشرين الاول/ نوفمبر 1959.

GRANMA ARCHIVES

الأعلى: متظاهرون يواجهون خراطيم الشرطة خلال معركة برمينغهام 1963، آلاباما، ساحة المعركة المشاهدة عالميا لحركة الحقوق المدنية في الولايات المتحدة. **الاسفل**: بيتانكورت، الشعب اتى بك من المنفى ...الآن انت قاتله"، تقول اليافطة التي حملها المتظاهرون في فنزويلا، محتجين على الاغتيالات من قبل الشرطة في كانون الاول / ديسمبر 1960. بعد الاطاحة الشعبية للديكتاتورية العسكرية في 1958، عاد روميرو بيتانكورت الى فنزويلا ليصبح اول رئيس قريب من الولايات المتحدة والذي استعمل عنفا متزايدا ضد العمال، المزارعين، والشباب الذين يقاتلون من اجل تقدم اقتصادي واجتماعي.

" ليس على الثوريين ان يجلسوا على ابواب منازلهم بانتظار مرور افواج الامبرياليين ".

GRANMA ARCHIVES

مليون كوبي اتوا الى ساحة الثورة، 4 شباط/ فبراير 1962، لاظهار دعمهم وعزمهم على تنفيذ الاعلان الثاني لهافانا.

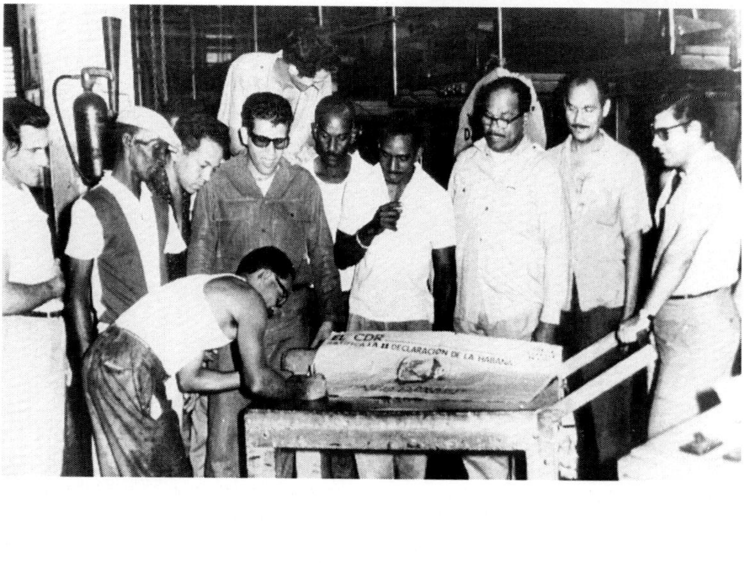

PHOTOS: BOHEMIA

"النضال الملحمي امامنا سيتقدم الى الامام من قبل شعوبنا التي تُساء معاملتها والمحتقَرة من قبل الامبرياليين، والنضال غير المنظور للإمبريالية حتى الآن ، والتي ترى فيها اليوم الاحتكارات الرأسمالية اليانكية حفاري قبورها".

جموع العمال والمزارعين الكوبيين وقعوا على الاعلان الثاني لهافانا، مضيفين اسماءهم الى قائمة حفاري القبور.

والسهول الذين راكموا ثروات المستغِلين بصحتهم؟

ماذا بإمكان هذه الجموع العريضة أن تتوقّع؟ هذه الجموع التي تنتج الثروة، التي تخلف القيم، التي تساعد على الاتيان بعالم جديد في كل الأماكن؟ ماذا بإمكانهم أن يتوقّعوا من الإمبريالية، هذا الفم الجشع، هذه اليد الجشعة، بلا أيّ أفق غير البؤس، الانحدار والموت المطلقان، البارد وغير المسجل في النهاية؟

ماذا بامكان هذه الطبقة التي غيّرت مجرى التاريخ، وثوّرت العالم في أماكن أخرى، والتي هي الحامي لكل المستغَلين والمتواضعين أن تتوقعه؟ ماذا بإمكان هذه الطبقة أن تتوقع من الامبريالية، أكثر أعدائها شراسة؟

ماذا بإمكان الإمبريالية أن تقدم الى الأساتذة والمعلّمين، الى المحترفين، المفكّرين، الشعراء والفنانين؟ أيّ نوع من الفوائد، أيّ فرصة لحياة أفضل، أيّ هدف، أيّ حافز، أيّ رغبة في الاتقان، لامتلاك السيادة بعد الخطوات الأولى البسيطة؟ ماذا بإمكانها ان تقدم الى هؤلاء الذين يتفانون بالإهتمام بأجيال الأطفال والشبان الذين سترخي الإمبريالية بثقلها عليهم؟ ماذا بامكانها ان تقدم الى هؤلاء الناس الذين يتقاضون رواتب مزرية في اغلب البلاد، الذين يعانون تقريبا اينما كان من القيود على حقهم بالتعبير السياسي والاجتماعي، هؤلاء الذين لا يتخطى مستقبلهم الاقتصادي الحدود الدنيا لمواردهم المهزوزة ومداخيلهم، المدفونين في حياة رمادية بدون آفاق، الذين ينتهون بإعالة لا تكفي حتى نصف إحتياجات المعيشة؟ أية "فوائد" او "تحالف" بإمكان الإمبريالية أن تقدمه لهم، ما عدا هؤلاء المعززين

لمصلحتها العامة؟

اذا أمّنت الامبريالية مساعدات للمهن، الفن، المطبوعات، يكون من المفهوم أنّ الإنتاج يجب أن يعكس مصالحها، أهدافها، و"عدميتها".

لكن أيّ من الروايات تحاول أن تعكس حقيقة صنيع عالم الامبريالية المفترس؟ الشعر المستوحى ليترجم الاحتجاجات بوجه الاستعباد الامبريالي، تُدخل الامبريالية في الحياة، الفكر، تُدخلها في جسم الأمم والشعوب؟ الفن المناضل الذي يحاول ان يعبّر عن أشكال وفحوى الإعتداء الإمبريالي. هذه المحاولة لالتقاط الضغط المستمر على كل كائن حي وتشجيع كل ما هو ثوري؟

كل الفنون التي تعلم والتي هي مليئة بالضوء، الوعي، الوضوح، الجمال، وهي تحاول ان تقود الناس الى اقدار افضل، الى اعلى قمم الحياة والعدالة؟، كل هذا واجه أعتى رقابة امبريالية. انهم يتجاوزون العوائق، الاحكام، والإدّعاء المكارثي. الصحافة مغلقة بوجههم، أسماؤهم ممنوعة من اعمدتها، وحملة من الصمت المدقع تواجههم - والذي هو تناقض آخر للرأسمالية. لهذا، يبدأ الكاتب، الشاعر، الرسّام، النحّات، المبدع في أيّ مادة، العالم، العيش حقيقة في لسان الشعب، في قلب ملايين البشر عبر العالم. الامبريالية تضع كل شيئ بالعكس، تغيّر شكله، تحرّفه لاستفاداتها، لمضاعفة دولاراتها. تشتري الكلمات أو اللوحات أو تحوّل الى الصمت تعابير الثوريين، تعابير البشر التقدميين، كذلك تعابير المناضلين من أجل الشعب واحتياجاته.

ليس بإمكاننا أن ننسى، في هذه الصورة التعيسة، الأطفال الأقل

حظاً، المهملين، أطفال الاميركيتين الذين ليس لديهم مستقبل.

أميركا، قارة ذات نسبة ولادات عالية، كما هي ذات نسبة وفيات عالية. منذ سنوات قليلة، وفيات الأطفال تحت عمر السنة في 11 بلداً كانت 125 بالألف، وفي 17 بلداً أخراً كانت متوقفة على 90 طفلاً بالألف . في 102 بلد في العالم، من جهة أخرى، المعدّل هو 51 في أميركا اللاتينية المهملة بتعاسة، 74 من أصل الف يموت في السنة الأولى بعد الولادة. في بعض المناطق في بلاد اميركا اللاتينية يصل المعدل الى 300 بالألف. يموت آلاف الأطفال حتى عمر السبع سنوات من أمراض غير معقولة في أميركا: الاسهال، ذات الرئة، سوء التغذية، الجوع، الآلاف يموتون من أمراض أخرى بدون معالجة مستشفى أو أدوية. الآلاف يتجهون ليكونوا ضحايا مرض عقلي ملاريا، تراخوما، وغيرها من الأمراض الناجّة من العدوى، نقص المياه والإحتياجات الأساسية الأخرى. أمراض من هذا النوع هي عامة في بلاد أميركا اللاتينية هذه، حيث آلاف الأطفال يموتون، اللقطاء، أطفال الفقراء والبرجوازيين الصغار أصحاب الحياة الصعبة والموارد الضئيلة. الإحصائيات، التي من المحتمل أن تكرر نفسها، توقف الدماء في العروق. أي نشرة رسمية لأي منظمة عالمية تجمعهم بالمئات.

بخصوص التعليم، يصبح الشخص مشوشاً عندما يحاول ان يفكر باحتياجات اميركا اللاتينية على الصعيد الثقافي. في حين أن الولايات المتحدة لديها مستوى ثماني او تسع سنوات من التعليم لسكانها البالغين 15سنة واكثر، أميركا اللاتينية - المنهوبة والمفقّرة من الولايات المتحدة، لديها مستوى أقل بسنة واحدة من التعليم

المتفق عليه في الفئة العمرية نفسها.

يسخط المرء أكثر حين يعلم أن بين الاطفال من عمر خمسة حتى 14 عاماً فقط 20 بالمائة منهم يرتادون المدارس في بعض البلاد. وفي أعلى المعدلات، 60% في بلاد أخرى. بإمكاننا القول إنّ أكثر من نصف أطفال أميركا اللاتينية لا يذهبون للمدرسة. ولكن الألم يستمر عند معرفة أنّ ارتياد المدرسة في الصفوف الثلاثة الأولى هو اكثر من 80% من المعدل العام. وأن في الصف السادس، يتدنى الرقم ليصل إلى 6 حتى 22 تلميذاً من مائة للذين بدأوا في الصف السادس. حتى في هذه البلاد التي تعتقد أنها اهتمت بأطفالها، يتسرب 73 بالمائة من الصف الأول حتى السادس. في كوبا، قبل الثورة، كان الرقم 74 بالمائة. في كولومبيا "الديمقراطية النموذجية"، الرقم هو 78 بالمائة. واذا القينا نظرة قريبة على الأرياف، فقط 1 بالمائة من الأطفال، وصل الى الصف الخامس في أحسن الحالات.

هناك سبب واحد يفسر هذا الغياب الكارثي للتلاميذ: اقتصاديات الفقر، النقص في المدارس، في الاساتذة، النقص في الموارد العائلية وموارد الطفل. في التحليل الأخير، المسؤولية تقع على عاتق الامبريالية وعلى محصولها من القمع والتخلف.

لتلخيص هذا الكابوس الذي عاشته اميركا من طرفها الى الآخر: في هذه القارة المؤلفة مما يقارب المائتي مليون انسان، الثلثان هم هنود، مستيزوس وسود - "الذين وقع عليهم التمييز العنصري". في قارة نصف المستعمرات هذه، حوالي أربعة أشخاص في الدقيقة يموتون من الجوع، يموتون من أمراض من الممكن معالجتها، أو من الشيخوخة

المبكرة، 5500 في اليوم، مليونان في السنة، عشرة ملايين كل خمس سنوات. بالامكان تجنب هذه الوفيات بسهولة، ولكن بالرغم من هذا إنها تحصل. ثلثا سكان أميركا اللاتينية هم أصحاب حياة قصيرة، ويعيشون تحت تهديد مستمر بالموت. "هولوكوست حيوات"، كبدت خلال 15 عاماً ضعف رقم الوفيات في الحرب العالمية الأولى وهي مستمرة. في هذه الاثناء، في اميركا اللاتينية، دفق متواصل للاموال يذهب الى الولايات المتحدة: 4000 دولار بالدقيقة، 5 ملايين دولار باليوم، ملياران في السنة، 10 مليار كل خمس سنوات. لكل ألف دولار يتركنا تبقى جثة واحدة. ألف دولار للجثة: هذا هو السعر لما يسمى بالامبرياليةّ! ألف دولار للوفية، أربع مرات بالدقيقة!

لكن لماذا التقوا في " بونتا ديل ايستي" بالرغم من هذه الحقيقة الأميركية اللاتينية؟ ربما ليخففوا ولو بمقدار قطرة من هذه الشرور؟ كلا !

الشعب يعلم أنّ في "بونتا ديل ايستي" الوزراء الذين طردوا كوبا التقوا ليرفضوا السيادة الوطنية. يعلم الشعب أنّ حكومة الولايات المتحدة الاميركية ذهبت الى هناك ليس فقط لتأسيس سبب للإعتداء على كوبا، بل لوضع أساس للتدخّل ضد حركة التحرر الشعبية في أي بلد من أميركا اللاتينية. ويعلم الشعب أنّ الولايات المتحدة تحضر مسرحية دموية لأميركا اللاتينية. يعلمون أنه كما الأوليغارشيات المستغلة تبتكر الآن مبدأ السيادة، لن يترددوا ليحثوا التدخل لفرق اليانكي ضد شعوبهم نفسها. ويعلمون ان وفد الولايات المتحدة اقترح لجنة حراسة ضد أي تخريب في "مجلس

الدفاع عبر الاميركيتين". حيث تملك هذه اللجنة قوة تنفيذية واعتماد معايير جماعية. تخريب الامبريالية اليانكية هو نضال الجوعى للحصول على الخبز. نضال المزارعين للحصول على الأرض، نضال الشعوب ضد الاستغلال الامبريالي.

لجنة كلب حراسة مع صلاحيات قوة تنفيذية ضمن "مجلس الدفاع عبر الاميركيتين" تعني قوة قارية قاهرة ضد الشعوب تحت أمرة البنتاغون. "إجراءات جماعية" تعني انزال بحرية اليانكي في اي دولة في الاميركيتين.

الثورات لا تُصَدَّر، إنّها من صنع الشعب

إلى الاتهام أنّ كوبا تريد ان تصدّر ثورتها، نحن نرد: الثورات لا تُصدّر إنّها من صنع الشعب.

ماذا بامكان كوبا أن تعطيه للشعوب، وقد سبق واعطته، هو مثَلها. وماذا يمكن أن تعلم الثورة الكوبية؟ ان الثورة ممكنة، وأن الشعب بامكانه أن يصنعها وأن في العالم المعاصر ليس هناك قوة بإمكانها أن توقف حركة تحرر الشعوب.

انتصارنا لم يكن ممكناً لو أن الثورة نفسها لم يكن من المقدر لها ان تنشأ من الظروف الحالية لواقعنا الاجتماعي الاقتصادي، الواقع الموجود في درجة أكبر في عدد لا بأس به من بلاد اميركا اللاتينية.

يظهر بشكل محتوم ان في البلاد حيث سيطرة احتكارات اليانكي

أكثر قوة. استغلال الاوليغارشيات يكون أقصى، ووضع جموع المزارعين والعمال يكون غير محتمل، والقوى السياسية تكون ظاهريا أصلب. حالة الحصار تكون عادية، أي مظهر من مظاهر عدم الرضا للجموع يقمع بالقوة. الطريق الديمقراطي مغلق بالكامل. الشخصية الوحشية للديكتاتورية، شكل الحكم المتبنى من قبل الطبقات الحاكمة، يكشف نفسه اوضح من قبل، عندها انفجار الشعوب الثوري يكون حتمياً.

بالرغم من أنه صحيح أن حجم الطبقة العاملة هو نسبيا صغير في بلاد اميركا النامية، هناك طبقة اجتماعية، وبسبب الظروف اللاانسانية التي تعيشها، تكون قوة كامنة، تحت قيادة العمال والمفكرين الثوريين، لدى هذه الطبقة دور تقديرياً في النضال للتحرر الوطني، وهم: المزارعون.

بلادنا تجمع شروط الصناعة غير النامية فضلاً عن النظام الزراعي ذي الطابع الاقطاعي. لهذا السبب، مع كل صعوبات الظروف الحياتية للعامل المديني، المجتمعات الريفية تعيش ظروفاً مرعبة من القمع والاستغلال. ولكنّها الغالبية المطلقة - مع استثناءات - مرات تتعدى 70 بالمئة من سكان اميركا اللاتينية[13].

بدون ذكر اصحاب الارض الذين غالبا ما يعيشون في المدن، الباقي من هذا الجمع يعمل بالسخرة في الـHaciendas [هاسيندا: المزارع الضخمة في أميركا اللاتينية - المترجم]، أو العمل بالأرض تحت

13. في عام 2000، وبعد حوالي اربعة عقود، 77 بالمئة من سكان أميركا اللاتينية يعيشون في المدن

ظروف استغلال تُخرج القرون الوسطى. هذه الظروف هي تلك التي تحدد ان في اميركا اللاتينية الريف الفقير الذي يشكل قوة ثورية هائلة كامنة.

الجيوش هي القوة حيث تتربّع قوة المستغلين، مجهزة ومبنية لحرب تقليدية. لكنها تصبح عاجزة كلياً عندما يجب عليها مواجهة النضال غير الاعتيادي للمزارعين على أرضهم الخاصة. تخسر الجيوش عشرة رجال مقابل وقوع مقاتل ثوري واحد، وينتشر هبوط المعنويات بسرعة بينهم بسبب وجوبهم مجابهة عدو خفي لا يقهر. كما لا تستطيع الجيوش اظهار تكتيكاتها الاكاديمية وزهوها، و هذا الذي يستعملونه كثيرا في عروضهم العسكرية للضغط على العمال والطلاب في المدن.

النضال الاساسي المؤلف من وحدات صغيرة يتم رفده دائماً بقوى جديدة، الحركة الجماعية تبدأ، والنظام القديم يبدأ بالتكسّر شيئاً فشيئاً الى ألف قطعة. هذه هي اللحظة عندما تقرّر الطبقة العاملة والجموع المدينية نتيجة المعركة.

ما هو الذي يجعل من تلك النواة الأولى في بدء الصراع، نواة لا تقهر بصرف النظر عن الارقام، وعن القوة وموارد اعدائها؟ مساندة الشعب، وسيكون بإمكانهم الإعتماد على هذه المساندة بشكل متصاعد.

لكنّ المزارعين هم طبقة، وبسبب حالة الجهل والعزلة التي تعيشها، بحاجة الى قيادة ثورية وسياسية من الطبقة العاملة والمفكرين الثوريين، وبدونهم لن تستطيع طبقة المزارعين أن تقحم

نفسها بالصراع وتحقيق النصر.

ليس باستطاعة البرجوازية الوطنية في أميركا اللاتينية قيادة النضال ضد الامبريالية بسبب خوفها من الثورة الاجتماعية

في الظروف الراهنة لاميركا اللاتينية ليس باستطاعة البرجوازية الوطنية قيادة نضال ضد الاقطاعية وضد الامبريالية. التجربة تبين في أممنا أن هذه الطبقة - وحتى عندما تكون مصالحها تتناقض ومصالح الامبريالية اليانكية، تكون البرجوازية الوطنية غير قادرة على مواجهتها ، وتكون مشلولة من الخوف من ثورة اجتماعية لأنها تكون خائفة من صرخة الجموع المستغلة.

بمواجهة حيرة الخيار بين الامبريالية او الثورة، فقط الشرائح الاكثر تقدماً تكون مع الشعب.

يضع ارتباط القوى الراهنة في العالم والحركة العالمية للتحرر من الاستعمار والتبعية الطبقة العاملة والمفكرين الثوريين في أميركا اللاتينية امام دورهم الطليعي الحقيقي والذي هو وضع انفسهم تحت تصرف النضال ضد الامبريالية والاقطاعية.

الامبريالية، مستعملةً الاحتكارات العظيمة للسينما، وخدماتها الاخبارية، مجلاتها، كتبها، وصحفها الرجعية، تلجأ الى أكثر الكذب رخصا لتعميق الانقسام زارعةً بين الناس الأكثر جهلاً الخوف والشك بالافكار الثورية التي يجب ان تخيف فقط المستغلين اصحاب القوة مع مصالحهم البالية وامتيازاتهم.

مولّدة الانقسام، منتجة جميع انواع الاحكام المسبقة، الافكار الكاذبة، الكذب، الطائفية، الدوغمائية، النقص في الانفتاح عند تحليل دور كل شريحة اجتماعية، احزابها، منظماتها، وقياداتها - هذه تعيق وحدة الحركة للقوى الديمقراطية والتقدمية لشعوبنا.

انهم من شوائب النمو، امراض طفولية للحركة الثورية التي يجب ان يُتخلى عنها. في النضال المعادي للاقطاعية والمعادي للامبريالية من الممكن ان نحشد غالبية الشعب خلف اهداف التحرير التي توحد روح الطبقة العاملة، المزارعين ، العمال المثقفين، البرجوازية الصغيرة، واكثر الشرائح تقدما للبرجوازية الوطنية. هذه القطاعات تحتوي على الغالبية العظمى من السكان وتجمع معا قوىً اجتماعية عظيمة قادرة على طرد الهيمنة الامبريالية والحكم الرجعي الاقطاعي. في هذه الحركة الواسعة، بامكانهم ويجب عليهم ان يناضلوا سوية لأجل أوطانهم لخير شعوبهم ولخير الأميركيتين، من المناضل الماركسي القديم، الى الكاثوليكي الصادق الذي ليس لديه أي صلة مع الاحتكارات اليانكية وأسياد الأرض الإقطاعيين.

هذه الحركة سوف تكون قادرة على سحب اكثر العناصر تقدمية في القوى المسلحة الى جانبها، والمذلولين أيضاً من قبل

البعثات العسكرية اليانكية، وخيانة المصالح الوطنية من قبل الاوليغارشيات الاقطاعية والتضحية بالسيادة الوطنية بحسب املاءات واشنطن.

حيث الطرق الخاصة بالشعوب مغلقة، وحيث قمع المزارعين والعمال على أشده، وحيث حكم الاحتكارات اليانكية هو الاقوى، المهمة الأولى والأكثر أهمية هي الفهم انه من غير المشرف ومن غير الصحيح ان نلهي الشعب بالخدع المناسبة لاجتثاث - بطرق قانونية غير موجودة ولن توجد - الطبقات الحاكمة المحصنة من جميع مراكز الدولة، محتكرة التعليم، متملّكة جميع وسائل الاتصالات، ومتملّكة مصادر لا تنضب من المال - قوة تدافع عنها الاحتكاريات والاوليغارشيات بالدم والنار وبكل قوّة شرطتهم وجيوشهم.

واجب كل ثوري أن يصنع ثورة. إنها حقيقة. ان الثورة ستنتصر في الاميركيتين وفي العالم. ولكن ليس على الثوريين أن يجلسوا في ابواب منازلهم لكي يصادفوا فرق الامبريالية لتمر. صبر ايوب لا يناسب الثوري. كل سنة تعجل بتحرير اميركا اللاتينية تعني انقاذ ملايين الاطفال، ملايين المفكرين الذين انقذوا من اجل الثقافة، كمية لا تنتهي من الألم يجتنبها الشعب. حتى لو أن اليانكي الامبريالي يحضر مسرحية دموية لاميركا اللاتينية، لن ينجح في سحق نضالات الشعوب. سوف يكسبون فقط كرهاً عالمياً تجاه انفسهم. وهكذا مسرحية سوف تطبع السقوط لنظامهم المتحجر الجشع.

مستغَلّوا اميركا بدأوا يخُطّون تارخيهم الخاص

ليس هناك أمة ضعيفة في اميركا اللاتينية - لأن كل أمة تشكل جزءاً من عائلة بـ200 مليون شقيق، الذي يعاني من البؤس نفسه، والذي يحتضن المشاعر نفسها، والذي لديه ايضاً العدو نفسه، والذي حلم بمستقبل أفضل والذي يعتمد أيضاً على تضامن جميع الرجال والنساء الشرفاء حول العالم أجمع.

عظيمة كانت ملحمة الاستقلال الاميركية اللاتيني، بطولي كان هذا الصراع. جيل اليوم من الاميركيين اللاتينيين مدعو الى الانخراط بملحمة اكبر واعظم واكثر تقريرية للانسانية. لاجل هذا النضال كان التحرر من القوة الاستعمارية الاسبانية، من اسبانيا المتحللة والمغزية من جيوش نابوليون. اليوم، النداء للنضال هو للتحرر من أقوى مركز امبريالي للعالم، ومن اقوى قوة امبريالية عالمية ولصنع خدمة اعظم للانسانية حتى مما صنع لها أسلافنا من قبل.

لكن هذا النضال الى حد ابعد من الاخير، سوف يُحَرَّك من قبل الجموع، وسوف يكون من صنع الشعب. الشعب الآن سوف يلعب دورا اكبر مما فعله سابقا، القادة سيكونون اقل اهمية في هذا النضال عن الذي سبقه.

هذه الملحمة امامنا ستكون مكتوبة من قبل جموع الهنود الجائعة، ومن قبل المزارعين الذين لا يملكون اراضٍ والعمال المستغَلين. سوف تكتب من قبل الجموع التقدمية، المفكرين الشرفاء واللامعين، الذين

يرتبطون بشكل عظيم بمعاناة الأراضي الأميركية اللاتينية. نضال جموع ونضال افكار. ملحمة تكون من صنع شعوبنا التي تعامل بشكل سيء من قبل الإمبريالية. شعبنا غير المرئي بالنسبة اليهم حتى اليوم، بدأ الآن بإقلاق لياليهم. الإمبريالية إعتبرتنا قطيعاً ضعيفاً وخاضعاً، والآن بدأت بالخوف من هذا القطيع. قطيع ضخم من 200 مليون أميركي لاتيني، يرى بهم الرأسماليون الإحتكاريون اليانكيون حفاري قبورهم.

هذه الانسانية المتعبة، هؤلاء المستغَلين بشكل لا انساني، هؤلاء العالة المسيطر عليهم من قبل نظام السوط ونظام المراقبة لم يتم تصفية حسابهم أو تمّ تصفية حسابهم بشكل بسيط!

منذ فجر الاستقلال بقي مصيرهم على حاله، هنود، غوشوز، مستيزوس، زامبوس، كوادروونس [14]، بيض دون املاك او مدخول، كل هذا الجمع الذي شكل مراتب "الأمة" ، المصير الذي لم يكن أبداً ملكهم، والذي سقط بالملايين، والذي قطع الى أجزاء، والذي كسب الاستقلال من الدولة الأم للبرجوازية، والذي تم اغفال حصته من الجوائز، والذي يستمر باحتلال أدنى درجة في سلم الفوائد الاجتماعية، والذي استمر بالموت من الجوع، ومن امراض من الممكن معالجتها، والاهمال بسبب نقص الأشياء التي لم تصل اليهم أبداً،

14. غوشوز هم عمال بدويون زراعيون ويعتنون بالماشية من مزارع الأرجنتين والاوروغواي وجنوب البرازيل. مستيزو هو التعبير الذي يستعمل في اميركا اللاتينية للدلالة على الاشخاص ذوي الاصول الجزئية الهندية، زامبوس هو الهجين بين الأفريقي والهندي، كوادرونز هم الاشخاص الذين يكون أحد أجدادهم من السود.

الخبز العادي، سرير مستشفى، دواء يشفي، ويد تساعد.

واجب كل ثوري هو أن يصنع الثورة

لكن الآن، من طرف القارة الى طرفها الآخر، إنّهم يؤشّرون بوضوح أن الساعة قد حانت - ساعة إعتاقهم. الآن هذا الجمع المجهول، هذه الاميركا الملونة الغامقة، هذه الاميركا المتحفظة المترددة، والتي تغني في القارة كلها بنفس الحزن ووضوح الرؤيا، الآن هذا الجمع سيدخل حتميا في تاريخه الخاص وبدأ يكتبه بدمه الخاص، وبدأ يعاني ويموت لأجله.

ولأن الآن في حقول وجبال الاميركيتين، وفي تلالها وسهولها وادغالها، وفي حقولها المعزولة وزحمة مدنها، وعلى ضفاف محيطاتها العظيمة وانهارها، هذا العالم بدأ يرتجف. قبضات قوية امتدت الى الأمام، جاهزة للموت لما هو لها، لكسب هذه الحقوق التي ضُحك عليها من الجميع لخمسمئة عام. نعم، الآن التاريخ سيحسب لفقير اميركا حساباً، المستغَل والمقهور في أميركا والذي قرر ان يكتب تاريخه لنفسه لجميع الاوقات. أصبح بالامكان رؤية الجموع على الطرقات، مشياً، يوماً بعد يوم، في مسير لا ينتهي من مئات الكيلومترات، الى "عُطوفة" الحكومة، لكي ينتزعوا حقوقهم.

بالامكان رؤيتهم متسلحين بالحجارة، العصي، الرفوش، في اتجاه وفي آخر، كل يوم، يحتلون أراضٍ، معلقين الخطافات في الأرض التي

تنتمي اليهم والتي يدافعون عنها بحياتهم. بالامكان مشاهدتهم يحملون شعارات، اعلاما ترفرف برياح الجبل او الحقل، وموجة الغضب، والمطالبات بالعدالة، وباعلان الحقوق المداسة تحت الاقدام، والتي بدأت تجتاح أراضي أميركا اللاتينية، والتي لن تنتهي. هذه الموجة سوف تكبر مع كل يوم يمر. لأن هذه الموجة مؤلفة من أعداد عظيمة، الغالبية بكل تقدير، هؤلاء الذين يجمعون الثروات ويخلقون كل قيمة ويقلبون عجلات التاريخ. الآن استيقظوا من النوم الطويل، الوحشي، والذي كانوا خاضعين له.

هذا الجمع العظيم الانساني قال: "كفى!" وبدأ بالمسير. ومسيرة العمالقة لن تتوقف الى أن يُحرزوا الإستقلال الحقيقي - والذي ماتوا بدون فائدة لأجله أكثر من مرة. اليوم الذين سيموتون، سيموتون كما في كوبا، كما في بلايا خيرون: سيموتون لأجل استقلالهم الوحيد غير المتراجَع عنه.

الوطن أو الموت
سننتصر
شعب كوبا
هافانا، كوبا
الارض الحرة للأميركيتين

4 شباط/فبراير 1962

قرّر التجمع الوطني العام لشعب كوبا أن هذا الإعلان سوف يُعرف باسم إعلان هافانا الثاني. يترجم الى اللغات الرئيسية،

وموزع حول العالم، كما قرر إبلاغ جميع اصدقاء الثورة الكوبية في أميركا اللاتينية لتوزيعه بشكل موسع بين جموع العمال، المزارعين والطلاب ومثقفي هذه القارة.

فهرس الأحداث والمصطلحات

GRANMA ARCHIVES

مسيرة من 100 ألف شخص في سانتياغو دو كوبا، 10 شباط / فبراير 1962.
تم تنظيم عدة تحركات مشابهة عبر كوبا لدعم الإعلان الثاني لهافانا

فهرس الأحداث

1952

10 آذار/مارس - الرئيس الكوبي السابق والرجل العسكري القوي فلجانسيو باتيستا ينظم انقلاباً، مطيحاً بحكومة كارلوس بريو. اسس باتيستا ديكتاتورية وحشية عسكرية متنامية متحالفة مع العديد من أكثر العائلات ثراءً والمصالح التجارية للولايات المتحدة في كوبا، والمدعومة من واشنطن.

9 نيسان / ابريل - انتفاضة ثورية في بوليفيا تطيح بالديكتاتورية العسكرية وتضع حكومة برجوازية. الانتفاضة المسلحة كانت بقيادة عمال المناجم والذين هم على رأس حركة نقابية متحالفة مع منظمات المزارعين. تم تأميم اكبر مناجم التنك، وتم تشريع النقابات، وتم

اطلاق الاصلاح الزراعي، وتم الغاء شرط الكتابة والقراءة والذي كان يحرم الأغلبية من سكان بوليفيا الاصليين من الاقتراع.

1953

26 تموز / يوليو - بهدف اطلاق تمرد ضد طغيان باتيستا، قام 160 ثورياً بقيادة فيدل كاسترو بالهجوم على ثكنة مونكادا في سانتياغو دو كوبا وعلى حصن متاخم لبايامو. فشل المقاتلون بالسيطرة على الموقعين العسكريين، وتم اغتيال اكثر من 50 ثوريا من المعتقلين. تم اعتقال كاسترو و27 آخرين تباعا، وتمت محامتهم وادانتهم بحبس يصل الى 15 سنة.

27 تموز/يوليو - هدنة تنهي حرب الثلاث سنوات الكورية. تمت اول هزيمة عسكرية لامبريالية الولايات المتحدة على يد العمال والمزارعين الكوريين وجيش التحرير الشعبي الصيني مانعين واشنطن من قلب الحكومة في كوريا الشمالية ومن الهجوم على نظام العمال والمزارعين في الصين.

1954

7 ايار/ مايو - استسلام القوات الفرنسية امام المقاتلين الفيتناميين بقيادة الشيوعيين في ديان بيان فو ، معلنين هزيمة

الاستعمار الفرنسي في الهند-الصينية. في مؤتمر في جنيف، دعمت موسكو الاقتراح الامبريالي المقدم من قبل الولايات المتحدة وبريطانيا وفرنسا لتقسيم فيتنام. وتم فرض سلطة مدعومة من الولايات المتحدة في الجنوب.

تموز/يوليو - أيلول/سبتمبر - في سعيهم لسحق نضال العمال والمزارعين والطلاب في غواتيمالا ولاعادة خطوات الاصلاح الزراعي الى الوراء، اجتاحت قوات المرتزقة البلاد مدعومة من قبل وكالة الاستخبارات المركزية لاطاحة حكومة جاكوبو اربنز. رافضا المطالب الشعبية لتسليح الشعب ليقاوم، استقال اربنز في حزيران / يونيو وسرعان ما هرب من البلاد. القوات اليمينية، بتنظيم ودعم من قبل وكالة الاستخبارات المركزية دخلت الى مدينة غواتيمالا في آب/ اغسطس.

31 تشرين اول/اوكتوبر - بداية حرب الاستقلال الجزائرية حين تحدى مقاتلو جبهة التحرير الوطنية الحكم الاستعماري الفرنسي.

1955

15 ايار/ مايو - بعد حملة عفو وطنية، تم تحرير فيدل كاسترو ورفاقه المعتقلين على اثر واقعة مونكادا. وخلال اسابيع، قاد كاسترو حملة توحيد عدة منظمات ثورية لتشكيل حركة 26 تموز/ يوليو الثورية. وفي تموز/ يوليو غادر مع

آخرين الى المكسيك، حيث حضروا لاطلاق النضال المسلح ضد طغيان باتيستا.

5 كانون الاول/ ديسمبر - مقاطعة الحافلات العامة تبدأ في مونتغومري ، آلاباما، معلنة افتتاح حركة بروليتارية جامعة بقيادة "السود" للاطاحة بنظام الفصل العنصري "جيم كرو" عبر جنوب الولايات المتحدة. حملة المقاطعة انتهت بعد سنة بوضع حد للسياسة التي تفرض على "السود" للجلوس في مؤخرة الحافلات.

1956

تموز/ يوليو – كانون الاول/ديسمبر - في مواجهة المشاعر والافعال المعادية للامبريالية في مصر، حكومة جمال عبد الناصر امت قناة السويس، المملوكة والمدارة من قبل الراسمال الفرنسي والبريطاني. تأكيدا لهيمنة الولايات المتحدة في الشرق الاوسط على حساب القوى السابقة الاوروبية، مجبرين القوات الفرنسية والاسرائيلية والبريطانية بعدوانهم الثلاثي على الانسحاب.

2 كانون الاول / ديسمبر - رسا 82 عضوا بحركة 26 تموز/يوليو ضمنهم معتقلي مونكادا فيدل كاسترو وراوول كاسترو وخوان الميدا والطبيب الارجنتيني ارنستو تشي غيفارا في كوبا على متن اليخت غرانما وذلك لاطلاق حرب ثورية. الجيش المتمرد قد ولد.

1957

ايلول / سبتمبر - بمواجهة قرار المحكمة العليا بمنع التمييز العرقي في المدارس، قبلت الثانوية المركزية في ليتل روك، اركانساس تسعة طلاب سود. اطلق حاكم اركانساس الجموع العرقية للاعتداء على الشباب السود. وبتصاعد الغضب العالمي، رضخ رئيس الولايات المتحدة دوايت أيزنهاور للضغوط المتزايدة في البلاد وخارجها من قبل داعمي حقوق السود، وارسل الفرق الفدرالية لتحمي الطلاب المحتجين.

14 كانون الاول / ديسمبر - باسم حركة 26 تموز/يوليو، رفض فيدل كاسترو حلف ميامي، والذي هو محاولة من قبل المعارضة البورجوازية لانتزاع قيادة النضال الجاري ضد باتيستا.

1958

23 كانون الثاني / يناير - التمرد الشعبي في كاراكاس يطيح بنظام الديكتاتور الفنزويللي ماركوس بيريز خيمينيز.

ايار / مايو - المظاهرات في الارجنتين، باراغواي، بوليفيا، البيرو، فنزويلا ودول اخرى تحتج على جولة نائب رئيس الولايات

المتحدة ريتشارد نيكسون ورافضة هيمنة الولايات المتحدة على المنطقة.

تموز / يوليو - هزيمة هجوم باتيستا العسكري ضد مقر الجيش المتمرد في جبال السييرا مايسترا. فتحت هذه الهزيمة الطريق امام القوات الثورية للامتداد عبر الجزيرة الى النصر النهائي.

1959

1 كانون الثاني/يناير - انتصار الحرب الثورية. بمواجهة حقيقة تقدم وتوسع الانتفاضة الشعبية والاضراب العام بقيادة حركة 26 تموز/يوليو، يهرب باتيستا من كوبا. وخلال الايام القليلة التالية سيطر الجيش المتمرد على الحصون العسكرية والمقار الرئيسية للشرطة. القاضي السابق مانويل اورريتا يصبح رئيسا للبلاد. ترأس كوادر حركة 26 تموز/يوليو في البدء عدة وزارات كأقلية في الحكومة الجديدة.

16 شباط / فبراير - أدى تعميق التعبئة الثورية للعمال والمزارعين الى استقالة رئيس الوزراء خوسيه ميرو كاردونا. فيدل كاسترو يصبح رئيسا للوزراء.

6 آذار / مارس - موافقة حكومة كوبا الثورية على قانون يخفض الايجارات الى 30-50 في المئة.

22 آذار / مارس - اعلن فيدل كاسترو اجراءات تبطل التمييز

العنصري في كافة المرافق العامة وفي العمل.

17 ايار/ مايو - وقعت الحكومة الكوبية اول قانون اصلاح زراعي محددة حجم الملكية الخاصة للاراضي بألف فدان. صادرت جموع المزارعين والعمال الاملاك العقارية للملاكين الاجانب والكوبيين الذين تزيد املاكهم عن الحد. الحجج العقارية توزعت على مائة ألف مزارع دون ارض.

16-17 تموز/يوليو - ولمواجهة معارضة اورريتا للاجراءات الثورية، استقال فيدل كاسترو من رئاسة الوزراء. التدفق الشعبي الضخم اجبر اورريتا على الاستقالة وتم استبداله برئيس من كوادر حركة 26 تموز/يوليو اوسفالدو دورتيكوس. كاسترو يستأنف مسؤولياته كرئيس للوزراء في 26 تموز/يوليو.

تموز/يوليو - اندلاع الحرب الاهلية في لاوس بين جبهة تحرير باثيت لاو والقوات القريبة من الامبريالية المدعومة من قبل الولايات المتحدة.

1 تشرين الاول/نوفمبر - عبر 2000 عامل وطالب بانامي منطقة القناة ليزرعوا العلم البانامي. الاعتداءات والقنابل المسيلة للدموع من قبل القوات المنصاعة للولايات المتحدة تشعل اعتراضات مطالبة بسيادة باناما على القناة.

26 تشرين اول/نوفمبر - ترأس تشي غيفارا المصرف الوطني بدل فيلبي بازوس، أحد آخر ممثلي البورجوازية في

الحكومة.

1960

1 شباط/فبراير - اعتصام طلاب سود في مقصف غذاء مخصص للبيض في محل وولورث في غرينزبورو، كارولينا الشمالية، أطلق الاعتصام موجة اعتصامات عبر جنوب الولايات المتحدة مطالبين عدم عزل المرافق العامة.

4 آذار/مارس - انفجار لا كوبر، السفينة الفرنسية المحملة سلاحا بلجيكيا المشترى من قبل الكوبيين للدفاع، في مرفأ هافانا قاتلة 101 شخص.

29 حزيران/يونيو - 1 تموز/يوليو - بدعم من الحكومة الثورية، استولى عمال النفط على مصافي النفط التابعة لشركات تكساكو، إسسو، وشل وذلك عند رفضهم تكرير النفط الذي اشترته كوبا من الاتحاد السوفييتي.

30 حزيران/يونيو - الكونغو تحصل على استقلالها من البلجيك. باتريس لومومبا يصبح رئيسا للوزراء.

6 تموز/يوليو - أمر رئيس الولايات المتحدة دوايت أيزنهاور كإجراء عقابي بخفض الحصة التي اتفقت واشنطن على استيرادها مسبقا من كوبا بـ 700 ألف طن من السكر، خافضة كوتا السكر الى بقية الـ1960 الى

نسبة 95 %.

9 تموز/يوليو - اعلن الاتحاد السوفييتي عن نيته شراء كل السكر التي رفضت حكومة الولايات المتحدة شراؤه.

26 تموز / يوليو - 8 آب/اغسطس - اول مؤتمر للشباب الاميركي اللاتيني في كوبا بحضور ما يقارب 1000 شاب من جميع بلاد اميركا اللاتينية، كما من الولايات المتحدة، كندا، والاتحاد السوفييتي وبلاد اخرى. الكثير من المشاركين اقتنعوا باتباع النموذج الثوري لكوبا.

6 آب/اغسطس - في مواجهة تزايد الاعتداء الاقتصادي للولايات المتحدة والتخريب، تجاوبت الحكومة الثورية لمبادرات العمال وقراراتهم بتأميم شركات الولايات المتحدة الرئيسية. وحيث تعبأ العمال عبر الجزيرة لمحاربة التخريب الاقتصادي من قبل الرأسماليين، تم تأميم جميع المرافق الصناعية الضخمة المملوكة من الكوبيين بنهاية تشرين الأول / أوكتوبر.

22-29 آب/ اغسطس - عقدت منظمة الدول الاميركية اجتماعا لوزراء الخارجية في سان خوسيه، كوستا ريكا، والذي اطلق اعلان سان خوسيه لادانة المسيرة الثورية لكوبا. تضم منظمة الدول الاميركية تقريبا جميع دول اميركا اللاتينية باستثناء تلك التي ما زالت مستعمرات كما تضم أيضاً الولايات المتحدة.

2 ايلول/سبتمبر - معلنين أنفسهم " التجمع العام " لشعب كوبا، أدان التجمع اعلان سان خوسيه لمنظمة الدول

الاميركية وتبنى الاعلان الاول لهافانا.

26 ايلول/سبتمبر - ادان فيدل كاسترو في خطابه للجمعية العامة للامم المتحدة الاعتداءات على كوبا معلناً التضامن مع النضال ضد الامبريالية عالميا.

13 تشرين الاول/اوكتوبر - تأميم جميع المصارف الاجنبية (باستثناء تلك المملوكة من كندا) والمصارف الكوبية، وبحصيلة 382 شركة كوبية ضخمة.

14 تشرين الاول/اوكتوبر - تفعيل قانون الاصلاح المديني الذي يمنع الملاكين من تأجير العقارات المدينية. وبهذا القانون تملك اغلب الكوبيين منازلهم، والباقون دفعوا 10 بالمائة من الدخل العائلي كايجار.

اواخر كانون الأول/ديسمبر - تعبئة الميليشيا الكوبية للرد على التهديدات العسكرية للولايات المتحدة ضد كوبا في اواخر ايام ادارة ايزنهاور.

1961

1 كانون الثاني/ يناير - بداية "سنة التربية" في كوبا. في حملة لمكافحة الامية دامت سنة، اكثر من 100 ألف معلم، وطلاب وشباب متحمسين، انتشروا في انحاء الجزيرة. في نهاية المجهود، ما يقارب مليون عامل ومزارع تعلم القراءة والكتابة. التعبئة الوطنية محت الأمية.

3 كانون الثاني/يناير - قطعت واشنطن العلاقات الدبلوماسية مع كوبا.

16 كانون الثاني/يناير - وزارة الخارجية تعلن ان على الراغبين من مواطني الولايات المتحدة بزيارة كوبا الحصول على تصريح خاص.

17 كانون الثاني/ يناير - اغتيال باتريس لومومبا، المعين كرئيس وزراء للكونغو في انقلاب ايلول/سبتمبر 1960، الاغتيال كان بأمر من جوزيف موبوتو، بمشاركة مباشرة من الرسميين البلجيكيين وبدعم من واشنطن.

31 آذار/مارس - اوقف رئيس الولايات المتحدة جون ف. كينيدي حصة الاستيراد المتبقية للسكر من كوبا.

17-19 نيسان/ابريل - هزيمة المرتزقة في الاجتياح المنظم من قبل الولايات المتحدة باقل من 72 ساعة في بلايا خيرون في خليج الخنازير، الهزيمة تمت على يد القوات المسلحة الثورية الكوبية، الشرطة الوطنية الثورية، وميليشيات شعبية. في عشية الهجوم، فسر فيدل كاسترو لاول مرة المسيرة الاشتراكية للثورة لتجمع جماهيري في هافانا بمواجهة الاجتياح المرتقب.انتصار المدافعين الكوبيين في سحق المرتزقة تؤشر الى اول هزيمة للولايات المتحدة الامبريالية في اميركا اللاتينية.

4 ايار/ مايو - اول مسيرة للحرية تبدأ في جنوب الولايات المتحدة،

حيث قام الناشطون باستقلال الحافلات بمحاولة منهم لعدم عزل وسائل النقل عبر الولايات.

31 ايار/مايو - اغتيال رافاييل تروخيليو، الديكتاتور الذي دام حكمه زمنا طويلا في جمهورية الدومينيكان. خواكين بالاغوير رئيس البلاد يسيطر على الامور، بدعم من الولايات المتحدة.

5-17 آب/اغسطس - في الاجتماع الاقتصادي والاجتماعي لمنظمة الدول الاميركية في بونتا دل ايستي في الاوروغواي، اعلنت حكومة الولايات المتحدة "تحالف من اجل التقدم"، لمساندة الانظمة المتعاونة مع الرأسمالية ومعزّزةً مصرفيي الولايات المتحدة والمستثمرين. الخطة تخصص 20 مليار دولار كقروض على عشر سنين الى حكومات اميركا اللاتينية مقابل التعاون لمواجهة حكومة كوبا الثورية. وكرئيس للوفد الكوبي، استعمل ارنستو تشي غيفارا الاجتماع كمنبر لكشف الصفة الامبريالية المهيمنة لل"تحالف" ولتعبئة المعارضة ضده.

30 آب/اغسطس - امر الرئيس كينيدي 148 ألف جندي من الحرس الوطني وقوات الاحتياط بالتعبئة خلال أزمة برلين، حيث تواجهت قوات الولايات المتحدة والقوات السوفييتية.

تشرين الثاني/نوفمبر - خلال تمرد شعبي متزايدٍ في جمهورية الدومينيكان، انزلت واشنطن سفناً حربية على ساحل الدومينيكان لدعم نظام بالاغوير.

كانون الاول/ديسمبر - السفينة الكوبية "باهيا دو نيبه" تغادر الى شمال افريقيا، محملة بالسلاح والذخيرة لمساعدة جبهة التحرير الجزائرية للاطاحة بالحكم الفرنسي الاستعماري. وعادت السفينة في كانون الثاني/يناير مع 76 جريحا من المقاتلين الجزائريين و20 يتيم حرب.

كانون الاول/ديسمبر - معلنا وحدة حركة 26 تموز/يوليو مع الحزب الاشتراكي الشعبي والادارة الثورية، فيدل كاسترو يخطب " سوف اكون ماركسيا-لينينا الى نهاية حياتي".

1962

22-31 كانون الثاني/يناير - اجتماع وزراء خارجية اميركا اللاتينية والولايات المتحدة برعاية منظمة الدول الاميركية في بونتا دل ايستي اوروغواي يقرر طرد كوبا من منظمة الدول الاميركية ويدعم التحركات العسكرية ضدها. الوفد الكوبي وبقيادة الرئيس اوسفالدو دورتيكوس، يستعمل الاجتماع لادانة الاستغلال الامبريالي لاميركا اللاتينية.

3 شباط/فبراير - الرئيس كينيدي يأمر بحصار شامل على التجارة بين الولايات المتحدة وكوبا.

4 شباط/ فبراير - التجمع الوطني العام لمليون شخص في ساحة الثورة في هافانا، يتبنى الاعلان الثاني لهافانا، معلنا دعم كوبا للنضال الثوري للسلطة الشعبية عبر الاميركيتين.

3 تموز /يوليو - بعد 8 سنوات من النضال التحرري الوطني، فازت الجزائر باستقلالها من فرنسا. حكومة المزارعين والعمال بقيادة احمد بن بللا تؤسس علاقات قريبة مع حكومة كوبا الثورية.

22-28 تشرين الاول/اوكتوبر - أمرت ادارة كينيدي بحصار بحري على كوبا، واضعة القوات العسكرية للولايات المتحدة تحت الانذار النووي، ومطالبة ازالة الدفاع الصاروخي النووي السوفييتي في الجزيرة. تم وضع الصواريخ بعد معاهدة دفاع مشترك مع بين كوبا والاتحاد السوفييتي بمواجهة تحضيرات واشنطن لاجتياح كوبا. كرد على اعتداءات الولايات المتحدة تم تعبئة ملايين الكوبيين للدفاع عن الثورة الاشتراكية، مبعدين تهديدات الولايات المتحدة النووية. وبعد تبادلات بين حكومتي الولايات المتحدة والاتحاد السوفييتي، اعلن الرئيس نيكيتا خروتشوف، وبدون استشارة كوبا، ازالة الصواريخ.

1963

نيسان/ابريل – ايار/مايو - مناضلو حقوق السود في برمينغهام، آلاباما، يقودون مسيرات جماعية واعتصامات لعدم عزل المرافق العامة. مدافعين عن انفسهم ضد الاعتداءات الوحشية من قبل الشرطة الذين استخدموا الهراوات والكلاب وخراطيم مكافحة الحريق والغاز المسيل للدموع، عرفت هذه الاحداث

ب"معركة برمنغهام".

24 ايار/ مايو - استقبلت الجزائر 55 طبيباً متطوعاً كوبياً ، أطباء أسنان، ممرضات، واشخاص من الجسم الطبي، وهي المهمة الاولى الاممية للثورة الكوبية.

28 آب/اغسطس - مسيرة العمل والحرية من 250 ألف في واشنطن مطالبة بالحقوق المدنية. صادفت هذه المسيرة مع نداء لقطع العلاقة مع الحزب الديمقراطي وتم طلب تأسيس حزب الحرية الآن بدعم من عدد من وجوه نضال الحقوق للسود، كما من أمة الاسلام.

3 تشرين الاول/اوكتوبر - كوبا تفعّل الاصلاح الزراعي الثاني، مصادرة الشركات القابضة الخاصة بما يزيد عن 165 فدان. الاملاك صودرت من 10 آلاف مزارع رأسمالي والذين سيطروا على 20 بالمئة من اراضي كوبا الزراعية والتي وضعت قاعدة للنشاط المعادي للثورة بتنظيم من واشنطن. الاجراء اتى بعلاقات اجتماعية على الارض بتناغم مع الصناعة المملوكة من الدولة، موثقة التحالف بين العامل-الفلاح.

22 تشرين الاول/اوكتوبر - كتيبة من 700 متطوع كوبي عسكري تصل الى الجزائر للدفاع عن النظام الجديد الثوري المستقل ضد الاعتداءات المغربية بوحي من الامبريالية.

1964

9 كانون الثاني/يناير - فرق الولايات المتحدة تقتل 20 باناميا وتجرح المئات خلال مظاهرة ضد رفض الرسميين من الولايات المتحدة من رفع العلم البانامي حيثما يرتفع علم الولايات المتحدة. وخلال الاسبوع اللاحق، تحرك آلاف الباناميين للمطالبة بالسيادة على قناة باناما.

31 آذار/مارس – 2 نيسان/ابريل - انقلاب عسكري في البرازيل بدعم من الولايات المتحدة يطيح بحكومة جاوو غولارت، بادئا سنيناً من الارهاب الدموي.

حزيران / يونيو – آب/اغسطس - آلاف الشباب يشاركون في "صيف الحرية" لتسجيل "السود" للانتخاب في جنوب الولايات المتحدة. في 21 حزيران/يونيو تم قتل ثلاثة متطوعين - جايمس تشايني، اندرو غوودمان وميشيل شويرنر - في الميسيسيبي من قبل عصابة الكوكلاكس كلان تحت قيادة مدير الشرطة المحلية.

آب/اغسطس - مستغلا حادثة بحرية مفتعلة في مياه الهندالصينية كحجة، كونغرس الولايات المتحدة مرر قرار خليج تونكين. بدأ قصف شمال فيتنام وتصاعدت الحرب ضد قوات التحرير الفيتنامية. وفي عام 1969 كان هناك 540 ألف مقاتل من الولايات المتحدة يقاتلون في فيتنام.

11 كانون الاول/ديسمبر - تشي غيفارا يتوجه بخطابه الى الجمعية العامة للأمم المتحدة. تلا تشي غيفارا وجهة النظر

الثورية للاعلان الثاني لهافانا. واكد تضامن كوبا مع النضال العالمي ضد الاستغلال الامبريالي.

1965

21 شباط/فبراير - إغتيال مالكوم إكس في مدينة نيويورك. القائد الثوري للنضال من اجل تحرير السود وضد الاضطهاد الامبريالي واستغلال الشعب العامل في العالم.

13 آذار/مارس - مديناً الانفصال بين الحزبين الحاكمين في الصين والاتحاد السوفييتي، اعلن فيدل كاسترو أن "الانقسام بوجه العدو لم يكن ابدا استراتيجية ذكية او ثورية" ونادى لاقامة جبهة موحدة للدفاع عن فيتنام بوجه هجوم الولايات المتحدة الامبريالي.

1 نيسان/ابريل - سلم تشي غيفارا رسالة وداع الى فيدل كاسترو معلنا استقالته من المهمات القيادية في كوبا ليتسنى له المشاركة بحرية في النضال الثوري خارج كوبا. بانتظار التحضيرات للجبهة الثورية في القرن الجنوبي لاميركا الجنوبية، يذهب تشي غيفارا الى الكونغو على راس فيلق من اكثر من مائة متطوع كوبي لمساعدة القوى الشعبية لمحاربة النظام الامبريالي. ويذهب فيلق آخر من المتطوعين الكوبيين الى الكونغو- برازافيل ليشكلوا وحدة احتياط ولمساعدة المقاتلين في انغولا.

17 نيسان/ابريل - سار 20 ألف شخص في اول مسيرة على صعيد

الوطن في واشنطن للاحتجاج على حرب الولايات المتحدة في فيتنام. تم تنظيم المسيرة كجبهة موحدة بمبادرة من "الطلاب من اجل مجتمع ديمقراطي" مع "تحالف الشباب الاشتراكيين"، وويبديبوا كلوبز، وآخرين.

28 نيسان/آبريل - اجتاح 28 ألف جندي من الولايات المتحدة جمهورية الدومينيكان لسحق الانتفاضة الشعبية ضد الطاغية العسكرية المدعوم من واشنطن.

19 حزيران/يونيو - الاطاحة بانقلاب عسكري بحكومة بن بللا الثورية في الجزائر.

آب/اغسطس - تمرد التجمعات السوداء يقود الشرطة خارج حي واط في لوس انجلس. اعتدى 13 الف رجل من الحرس الوطني على السود في المنطقة، تاركين 36 قتيلاً و900 جريحاً و4000 معتقلاً. أول انفجار من عدة انفجارات من قبل السود في مدن الولايات المتحدة الرئيسية في السنوات الثلاث القادمة.

3 تشرين أول/اوكتوبر - خلال اجتماع عام لتقديم اللجنة المركزية للحزب الشيوعي في كوبا المؤسس حديثا، قرأ فيدل كاسترو رسالة تشي غيفارا في 1 نيسان/ابريل معلنا خططاً للانضمام الى نضالات ضد الاستغلال الامبريالي في اماكن اخرى من العالم.

1966

3-14 كانون الثاني/يناير - مؤتمر ثلاثي القارات للتضامن مع شعوب آسيا، أفريقيا واميركا اللاتينية يعقد في هافانا. حضر المؤتمر مناضلون ضد الامبريالية من حول العالم.

تشرين الثاني/نوفمبر - وصل تشي غيفارا الى بوليفيا ليقود جبهة ثورية في القرن الجنوبي لاميركا الجنوبية. جُرح وأسر غيفارا في 8 تشرين الاول/اوكتوبر 1967، في عملية منظمة لوكالة الاستخبارات المركزية من تنفيذ قوات بوليفية. تم اغتياله في اليوم الثاني من قبل القوات المسلحة البوليفية بعد استشارة واشنطن.

1967

31 تموز/يوليو – 10 آب/اغسطس - عقد مؤتمر منظمة تضامن اميركا اللاتينية في هافانا (أولاس)، بحضور قوات ثورية وأحزاب يسارية سياسية من الاميركيتين بما فيها الولايات المتحدة، وتحت شعار من الاعلان الثاني لهافانا مناديا الى التحرك - " واجب كل ثوري ان يصنع الثورة" - المؤتمر يعلن الدعم للنضالات الشعبية عبر اميركا اللاتينية.

فهرس المصطلحات

الانتيل - الجزر في الكاريبي، بما فيها كوبا.

ارنستو تشي غيفارا (1928 - 1967) - قائد في الثورة الكوبية ولد في الارجنتين. تم تجنيده في المكسيك في عام 1955 لحملة الغرانما كطبيب للفيلق. اول مقاتل في الجيش المتمرد يترقى الى عقيد، 1957. بعد انتصار 1959 تولى مناصب ضمت ضمنها رئيس المصرف الوطني ووزير الصناعة. قاد الفرقة الكوبية للمحاربة جنبا الى جنب مع القوات المعادية للامبريالية في الكونغو 1965. قاد فصيل من مِتطوعين دوليين في بوليفيا من سنة 1966-1967. جُرح وأسر من قبل الجيش البوليفي خلال عملية منظمة من قبل وكالة الاستخبارات المركزية مضادة لحرب الادغال، في تشرين الاول/اوكتوبر 1967. تم اغتياله في اليوم التالي.

اوهيغينز برناردو (1842 - 1778) - قائد عسكري حصل على استقلال التشيلي من اسبانيا في 1818. اول رئيس تشيلي للبلاد.

اوبنهايمر ج. روبرت (1904 - 1967) - فيزيائي من الولايات المتحدة، مدير المشروع الذي طور القنبلة النووية في 1943 - 1945 . متهم بالتعاطف مع الشيوعيين خلال اوائل الـ 1950، مما أدى الى فقدانه تصريحه الأمني.

الادارة الثورية - تأسست في 1955 من قبل خوسيه انطونيو اتشيفيرريا وقادة آخرون من اتحاد طلاب الجامعة.نظمت في 13 آذار 1957 هجوما على القصر الرئاسي والذي خلاله وبعده تم قتل العديد من قادتها المركزيين. في اوائل 1958 نظمت فيلقا لحرب الادغال في جبال اسكامراي في لاس فيللاس، والتي اصبحت لاحقا جزءا من قيادة تشي غيفارا. اندمجت في حركة 26 تموز/يوليو والحزب الاشتراكي الشعبي في 1961.

انجلس فريديريك (1820 - 1895) - متعاون مدى الحياة مع كارل ماركس، أسس معه الحركة الشيوعية الحديثة.

باتيستا فولجانسيو (1901 - 1973) - رجل عسكري كوبي قوي 1933 - 1944. قاد مجموعة في 10 آذار/مارس 1952، مؤسساً طغياناً بوليسياً - عسكرياً. هرب من كوبا 1 كانون الثاني/يناير 1959، على اثر تقدم الجيش المتمرد والانتفاضة الشعبية.

برونو جيوردانو (1548 - 1600) - فيلسوف ايطالي، عالم فلك، ورياضي. تم حرقه بسبب اشاعة من قبل السلك الكاثوليكي.

بارنز، جاك (1940 -) - السكرتير الوطني لحزب العمال الاشتراكي في الولايات المتحدة منذ 1972. ساهم في اول مؤتمر شباب في اميركا اللاتينية في كوبا في صيف 1960. التحق بتحالف الاشتراكيين الشباب في 1960 وبالحزب العمال الاشتراكي في 1961. كاتب لعدد من الكتب، الكتيبات، والمقالات عن السياسة الشيوعية، الاستراتيجية والتنظيم. عضو هيئة تحرير مجلة نيو انترناشيونال (الاممية الجديدة).

بالاغوير، خواكيم (1907-2002) - صاحب منصب رفيع في ديكتاتورية تروخيللو في جمهورية الدومينيكان. رئيس مدعوم من الولايات المتحدة ، 1960 - 1962 ، 1966 - 1978 ،

و 1986 - 1996

بوليفار سيمون (1783 - 1830) - وطني اميركي لاتيني، ولد في كاراكاس، معروف بـ"المحرر". قاد سلسلة من التمردات المسلحة 1810 - 1824 والذي ساعد على الاستقلال من اسبانيا لاغلب اميركا اللاتينية.

تروخيليو رافايل ليونيداس (1891 - 1961) - ديكتاتور في جمهورية الدومينيكان من 1930 وحتى مماته. بعد 1959، بدعم من واشنطن، نظم هجوما ضد الثورة الكوبية. تم اغتياله سنة 30 أيار/مايو 1961 من قبل ضباط عسكريين رفيعي المستوى من جمهورية الدومينيكان على صلة وتوافق مع واشنطن.

تيرادنتس (خواكيم خوسيه دا سيلفا اكسافييه) (1748 - 1792) - قاد ثورة غير ناجحة ضد حكم البترغاليين في البرازيل، حيث شنق. فيزيائي وطبيب اسنان،كان معروفا شعبيا باسم "تيرادنتس" (أي قالع الاسنان).

حركة 26 تموز/يوليو - أسسها فيدل كاسترو في تموز/يوليو 1955 واعضاء آخرون من هجوم مونكادا، ومع قوى ثورية أخرى. خلال الحرب ضد الطغيان، كانت الحركة مؤلفة من الجيش المتمرد في جبال (السييرا) وبشبكات سرية في المدن والارياف (للانو - "السهول"). في أيار/مايو 1958 القيادة الوطنية كانت متمركزة في السييرا مايسترا. وتم اختيار فيدل كاسترو كسكرتير عام. قادت الحركة الانصهار مع الحزب الاشتراكي الشعبي والادارة الثورية في 1961.

الحزب الاشتراكي الشعبي - الاسم اعتمد في 1944 من قبل الحزب الشيوعي الكوبي كجزء من الجبهة العالمية الشعبية وسياسات ال"وحدة الوطنية". رفض الحزب الديكتاتورية المفروضة من باتيستا بعد انقلاب 1952 و لكنه عارض المسيرة السياسية الثورية لحركة 26 تموز/يوليو وعاد

وتعاون معها في الشهور الاخيرة من الصراع لقلب الدكتاتورية. تم دمجه مع حركة 26 تموز/يوليو والادارة الثورية في 1961.

خواريز بينيتو (1806 - 1872) - رئيس المكسيك 1861 - 1872 ، الذي قاتل الاحتلال الفرنسي للبلد (1864-1867). البطل الوطني في المكسيك.

دنيس ديدرو (1713 - 1784) - كاتب فرنسي وفيلسوف مستنير.

روسو جان جاك (1712 - 1778) فيلسوف وكاتب فرنسي. كتاباته الهمت قادة الثورة الفرنسية.

روبسون بول (1989 - 1976) - مغني وممثل من الولايات المتحدة الاميركية. هدف لحملات المطاردة الحكومية المعادية للشيوعية. ألغي جواز سفره في 1950.

روزنبرغ جوليوس (1918 - 1953) - و أيثيل (1915 - 1953) - أعضاء في الحزب الشيوعي في الولايات المتحدة تم تلفيق تهم تآمر للتجسس لمصلحة الاتحاد السوفييتي واعدموا.

زاباتا ايمليانو (1879-1919) - قائد للثورة المكسيكية 1910. نظم وقاد جيشا من المزارعين حارب من اجل "الارض والحرية".

ساندينو اوغستو سيزر (1895 - 1934) - قاد ست سنوات من حرب الادغال في نيكاراغوا ضد بحرية الولايات المتحدة والقوى المحبذة للامبريالية 1927-1933. قُتل بعد أوامر من الديكتاتور المدعوم من الولايات المتحدة اناستازيو سوموزا.

سان مارتن خوسيه دو (1778-1850) - قائد سياسي ارجنتيني قاد القوات التي ساعدت على استقلال الارجنتين، التشيلي والبيرو من اسبانيا.

سوكري انتونيو خوسيه (1795-1830) قائد ثورة اميركا اللاتينية ضد الحكم الاسباني الذي حرر في 1822 الذي يُعرف الآن بالاكوادور وطرد الفرق الاسبانية من بوليفيا (1825).

سينتو (منظمة المعاهدة المركزية) - حلف عسكري يضم تركيا،

ايران، باكستان، والمملكة المتحدة، 1955 - 1979، تأسس بتحفيز من حكومتي بريطانيا والولايات المتحدة لمواجهة تأثير الاتحاد السوفييتي في الشرق الاوسط. أصبحت الولايات المتحدة عضوا شريكا في 1959. تم حل هذه المنظمة بعد الثورة الايرانية في 1979.

سياتو - منظمة حلف جنوب شرق آسيا - حلف بقيادة الولايات المتحدة، 1955 - 1977، تأسس ليحارب "التوسع الشيوعي". مشاركا مع عدة حكومات امبريالية - الولايات المتحدة، فرنسا، نيوزلندة، والمملكة المتحدة - كما باكستان والفلبين وتايلاند.

فولتير (فرانسوا ماري اروي) (1694 - 1778) - متهكم فرنسي ومؤرخ في مرحلة التنوير.

كاسترو، فيدل (1926 -) - نظم وقاد الحركة الثورية ضد طغيان باتيستا في 26 تموز/يوليو 1953 على حصن مونكادا في سانتياغو دو كوبا وحصن كارلوس مانويل دو سيسبيديس في بايامو. اعتقل وحوكم ب15 سنة في السجن. اطلق سراحه في الـ 1955 بعد حملة وطنية للعفو، وقاد تأسيس حركة 26 تموز/يوليو الثورية. نظم حملة الغرانما من المكسيك، لاطلاق حرب ثورية في كوبا، قائد الجيش المتمرد منذ تأسيسه، وبعد انتصار الثورة، أواخر 1956-1958. أصبح رئيس وزراء كوبا من شباط/فبراير 1959 حتى 1976. وهو رئيس مجلس الدولة ومجلس الوزراء منذ عام 1976، كما هو القائد الاعلى للقوات الثورية المسلحة، والسكرتير الاول للحزب الشيوعي في كوبا منذ تأسيسه في عام 1965.

لينين ف.إ. (1870 - 1924) - مؤسس الحزب البلشفي. القائد المركزي لثورة تشرين الاول/اوكتوبر 1917 في روسيا. عضو مجلس مندوبي الشعب (الحكومة السوفييتية) 1917-1924. عضو

اللجنة التنفيذية للاممية الشيوعية 1919-1924.

ماكارثي جوزف (1908 - 1957) - سيناتور جمهوري من وسكونسن. اكثر وجه معروف معاد للشيوعية ومطاردها في اوائل 1950.

ماركس كارل (1818 - 1883) - مؤسس مع فريديريك انجلس الحركة الشيوعية الحديثة ومهندس أسسها البرامجية.

مارتي خوسيه (1834-1895) - البطل الوطني في كوبا. ثوري فذ، شاعر، كاتب، متحدث، صحافي ومقاتل. اسس الحزب الثوري الكوبي في 1892 لمحاربة الحكم الاسباني الاستعماري ومعارضة خطط الولايات المتحدة لكوبا.نظم وخطط لحرب الاستقلال 1895. قتل في المعركة ضد الفرق الاسبانية في دوس ريوس في مقاطعة اورينتي. برنامجه المعادي للامبريالية وكتاباته الثورية الاوسع هما في قلب التقاليد الأممية الكوبية والميراث الثوري السياسي.

نابوليون 1 (نابوليون بونابارت) (1769 - 1821) - العميد القائد في الحروب الثورية التي دافعت عن انجازات الثورة الفرنسية. في 1799، وبعد تراجع الثورة، قاد انقلابا عسكريا مسميا نفسه القنصل الاول، ومن 1804 وحتى 1815، امبراطور فرنسا.عززت الحروب الثورية ولاحقا حروب الممالك ضد الحلف الرجعي لبريطانيا، بروسيا وروسيا والنمسا، عززت النظم الاقطاعية الباقية في المانيا وعبر اوروبا الغربية.

مفتش - الرسمي في المحاكم الكنسية التي تأسست في العصور الوسطى للاجبار على الوفاء للتعليب الكاثوليكي الديني وللسلطة الكنسية، والتي شكلت العمود الرئيسي في النظام الاقطاعي المهدد من قبل العلاقات الرأسمالية الصاعدة والقوى السياسية البورجوازية. وصلت محاكم التفتيش الى قمتها في اواخر القرن الخامس عشر واوائل السادس عشر في اسبانيا، حيث تم حرق حوالي 2000

شخص كمهرطقين.

منظومة مونرو - سياسة اعتمدت في 1823 من قبل الرئيس جايمس مونرو (1753-1831). المنظومة التي رسمت السياسة الناشئة للحكومة البرجوازية للولايات المتحدة لحماية الجمهورية الشابة ضد السياسات المعادية للثورة من قبل الممالك الاوروبية القوية وخصوصا المملكة المتحدة وفرنسا، محذرة اياهم عدم التدخل في شؤون الاميركيتين. وحتى نهاية القرن التاسع عشر، وبتحول الولايات المتحدة القوة الامبريالية، تحولت منظومة مونرو الى تبرير التدخل العسكري والسياسي ضد امم في اميركا اللاتينية والكاريبي بسبب اعتقاد الولايات المتحدة ان هذه الامم تكسر قبضتها المهيمنة.

منظمة حلف شمالي الاطلسي - حلف عسكري، تأسس في 1949، يضم الولايات المتحدة، كندا، والقوى في اوروبا الغربية بمواجهة الاتحاد السوفييتي وحكومات وسط وشرق اوروبا المتحالفة مع اتحاد الجمهوريات الاشتراكية السوفييتية.

معاهدة البلات - وضعها السيناتور اورفيل بلات من الولايات المتحدة (1827 - 1905) ، كتمهيد لقانون اعتماد الجيش في 1901، وتباعا أضيفت كتعديل على الدستور الكوبي. ومنحت المعاهدة واشنطن الحق بالتدخل في شؤون كوبا بأي وقت وبتأسيس قواعد عسكرية على الاراض الكوبية. ألغيت في ايار/مايو 1934 بناء على معاهدة وُقعت من الحكومة الكوبية في هافانا مع ادارة فرانكلين ديلانو روزفلت في الولايات المتحدة. وبنفس الوقت، شرعت المعاهدة كل التنازلات الممنوحة من كوبا ابان فترة احتلال الولايات المتحدة، بما فيها السيطرة الأزلية على قاعدة غوانتانامو البحرية.

هيدالغو ميغل (1753 - 1811) - يُعرف بأب الاستقلال المكسيكي، قاد انتفاضة الاستقلال 1810 ضد الحكم الاسباني. تمّ اعتقاله ورميه بالرصاص. كاهن كاثوليكي.

هوس يان (1370 - 1415) - مصلح ديني تشيكي. محكوم بسبب اشاعة، وتم حرقه من قبل السلك الكاثوليكي.

فهرس الأسماء والأعلام

الشتاء الطويل الحار للرأسمالية قد بدأ

جاك بارنز

الصراعات الامبريالية الأخذة بالوضوح اليوم، تتقد بالمراحل الافتتاحية لما سيكون عقود من التشنجات الاقتصادية، المالية والاجتماعية كما الصراعات الطبقية. كما تتضح هذه الصراعات من خلال التغيير البعيد المنال في سياسة واشنطن العسكرية والتنظيمية والتي لم تكن مسبوقة من قبل الولايات المتحدة الا خلال الحرب العالمية الثانية. يجب على الشعب العامل صاحب العقل النضالي ان يواجه نقطة التحول التاريخية هذه للامبريالية، وان يحصل على الرضا من ان يكون «في وجوههم» بينما نخط مسير ثوري لمواجهته. 12 $ دولار اميركي

البيان الشيوعي كارل ماركس وفريديريك انجلز

الوثيقة التأسيسية لحركة الطبقة العاملة الحديثة نُشرت في 1848. فسّر البيان لماذا الشيوعية ليست مجموعة من المبادىء الجاهزة ولكنها خط مسيرة الطبقة العاملة نحو السلطة "حركة تاريخية تحدث أمام أعيننا نابعة من صراع طبقي موجود".
السعر 5 $

مالكولم إكس: تحرر السود، والطريق إلى سلطة العمال

جاك بارنز

في أوائل منتصف الخمسينيات من القرن العشرين، برز مالكولم إكس من قلب النضال الناشئ وكقائد أوحد له. وكان إصراره على أن هذه الحركة الهائلة هي جزء لا يتجزأ من المعركة الثورية العالمية من أجل حقوق الإنسان. وهذا الصراع هو بين «هؤلاء الذين يريدون الحرية، والعدالة، والمساواة، وبين الذين يريدون الإبقاء على أنظمة الإستغلال.»

مستخلصاً دروس من قرن ونصف من النضال، يساعدنا هذا الكتاب على فهم المعادلة التي تقول بأن سعي الطبقة العاملة الثوري للوصول إلى السلطة هو الذي سيجعل معركة تحرر السود ممكنة، كما سيفتح الطريق على عالمٍ مبني على عدم الإستغلال، وإنعدام العنصرية، ولكن على عالم مبني على التضامن الإنساني، على عالمٍ إشتراكي.

السعر 12 $

WWW.PATHFINDERPRESS.COM

أصوات من السجون
الكوبيون الخمسة

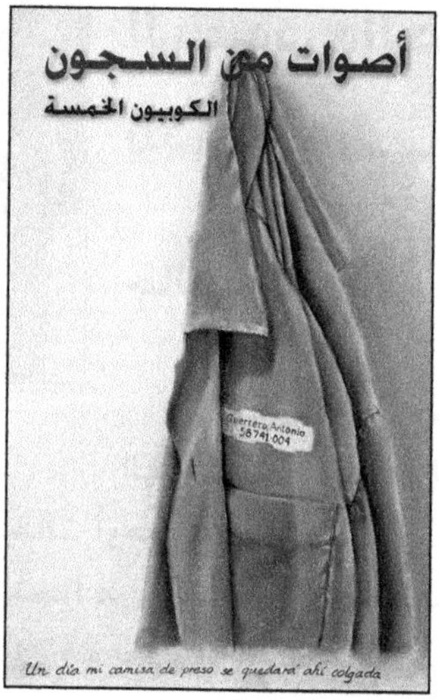

الأصوات المسموعة في هذا الكتاب تسمح لنا بالوصول إلى خلف القضبان التي ليس من شأنها فقط أن تسجن الخمسة، لكن الهدف منها أيضاً تقزيمهم إلى "مُدانين" و"ضحايا". تتوضح أكثر أصالتهم الثورية، ومرونتهم الثورية، وإنسانيتهم - وحسهم الفكاهي - على هذه الصفحات. وفوق كل هذا، نرى كيف إكتسبوا الإحترام بين الآخرين خلف قضبان السجن. كما يكتسبون أيضاً الإحترام بين الشعب العامل عبر الولايات المتحدة الذي يعرف هو بنفسه ومن خلال تجربته كيف تعمل عجلات "العدالة" الرأسمالية.

السعر $7

هل طبيعة جسم المرأة تحدد مصيرها؟

إيفلين ريد

"مكانة المرأة في المجتمع تمت تشكيلها وإعادة تشكيلها من خلال تغيير الظروف التاريخية. التحول الدرامي الذي قلب الشيوعية الأمومية جلب معه إنهيار الجنس الأنثوي. ومع صعود النظام الأبوي الطبقي أصبحت طبيعة جسم المرأة الحجة الأيديولوجية لتبرير وإستمرار حرمان النساء من الحياة الثقافية والإجتماعية وإبقائهن في وضع العبودية. وفقط عند الإعتراف بهذا، من الممكن أن تفهم النساء الأسباب الحقيقية لتبعيتهن وتردي وضعهن. وهذه الأسباب ترتبط بالنظام الرأسمالي اليوم. صراعنا من أجل التحرر سوف يتم إعاقته طالما يتم خداعنا بأن الطبيعة وليس المجتمع هي المصدر لإضطهادنا."

إفلين ريد

السعر 5 $

WWW.PATHFINDERPRESS.COM

FROM PATHFINDER

Tribunes of the People and the Trade Unions

KARL MARX, V.I. LENIN,
LEON TROTSKY, FARRELL DOBBS,
JACK BARNES

Why organizing to strengthen unions is not only crucial to workers' unity and striking power but central to building a proletarian party. The activity of a workers party neither begins nor ends with unions, however. It begins by extending the party's political reach in all directions, to cities, towns, and farms. A tribune of the people uses every example of capitalist oppression to explain why the working class and its allies can and will lay the foundations for a world based not on violence and competition but on solidarity among working people. $12. Also in Spanish.

Malcolm X, Black Liberation, and the Road to Workers Power

JACK BARNES

Why the conquest of power by the working class will make possible the final battle for Black freedom—and open the way to a world based on human solidarity, not exploitation, violence, and racism. A socialist world. $20. Also in Spanish, French, Farsi, Arabic, and Greek.

The Clintons' Anti-Working-Class Record

Why Washington Fears Working People

JACK BARNES

Describes the profit-driven course of Democrats and Republicans alike, and the political awakening of workers seeking to understand and resist these assaults. $10. Also in Spanish, French, and Farsi.

Are They Rich Because They're Smart?

Class, Privilege, and Learning under Capitalism

JACK BARNES

Exposes the self-serving rationalizations by well-paid middle-class layers that their intelligence and schooling equip them to "regulate" workers' lives. Includes "Capitalism, the Working Class, and the Transformation of Learning." $10. Also in Spanish, French, and Farsi.

In Defense of the US Working Class

MARY-ALICE WATERS

Hillary Clinton calls them "deplorables" who inhabit the "backward" regions between New York and San Francisco. But tens of thousands of teachers and other school employees in West Virginia set an example in 2018 with the most powerful labor action in decades. And working people across Florida mobilized and won restoration of voting rights to more than one million former prisoners. They fought for dignity and respect for themselves, their families, and for all working people. $7. Also in Spanish and Farsi.

"It's the Poor Who Face the Savagery of the US 'Justice' System"

The Cuban Five Talk about Their Lives within the US Working Class

How US cops, courts, and prisons work as "an enormous machine for grinding people up." Five Cuban revolutionaries framed up and held in US jails for 16 years explain the human devastation of capitalist "justice"—and how socialist Cuba is different. $15. Also in Spanish, Farsi, and Greek.

WWW.PATHFINDERPRESS.COM

CUBA'S INTERNATIONALIST MISSIONS WORLDWIDE

Cuba and Angola: The War for Freedom

HARRY VILLEGAS ("POMBO")

The story of Cuba's unparalleled contribution to the fight to free Africa from the scourge of apartheid. And how, in the doing, Cuba's socialist revolution was strengthened. $10. Also in Spanish.

Companion volume

Cuba and Angola

Fighting for Africa's Freedom and Our Own

FIDEL CASTRO, RAÚL CASTRO, NELSON MANDELA, OTHERS

$12. Also in Spanish.

How Far We Slaves Have Come!

South Africa and Cuba in Today's World

NELSON MANDELA, FIDEL CASTRO

Cuban internationalists "made a contribution to African independence, freedom, and justice, unparalleled for its principles and selfless character," said Nelson Mandela, speaking in Cuba in July 1991 alongside Fidel Castro. Here are their speeches on the victory by Cuban, Angolan, and Namibian combatants over the US-backed South African army that had invaded Angola. $10. Also in Spanish and Farsi.

Bolivian Diary of Ernesto Che Guevara

Guevara's day-by-day chronicle of the 1966–67 guerrilla campaign in Bolivia, an effort to forge a continent-wide revolutionary movement of workers and peasants and open the road to socialist revolution in South America. $25. Also in Spanish.

Voices from Prison

THE CUBAN FIVE

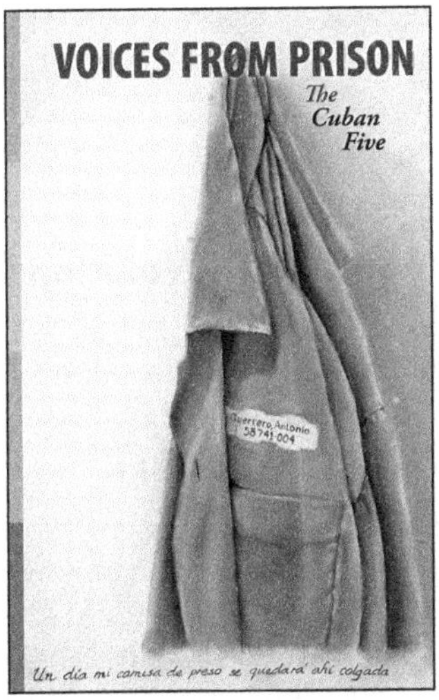

Cuban internationalists Gerardo Hernández, Ramón Labañino, Antonio Guerrero, Fernando González, and René González, known to millions worldwide as the Cuban Five, were framed up and imprisoned by Washington for up to 16 years. In the voices heard here from fellow prisoners, freedom fighters, and family members their revolutionary integrity, humanity—and humor—emerge ever more clearly. $7. Also in Spanish, French, Farsi, and Arabic.

In Defense of Socialism

Four Speeches on the 30th Anniversary of the Cuban Revolution, 1988–89

FIDEL CASTRO

Castro describes the decisive place of volunteer Cuban fighters in the final stage of the war in Angola against invading forces of South Africa's apartheid regime. Not only is economic and social progress possible without capitalism's dog-eat-dog competition, the Cuban leader says, but socialism is humanity's only way forward. $15. Also in Greek.

From the Escambray to the Congo

In the Whirlwind of the Cuban Revolution

VÍCTOR DREKE

A leading participant in Cuba's revolutionary movement for more than half a century describes his experiences as second-in-command in the 1965 internationalist mission in Congo led by Che Guevara. He describes the creative joy of working people in Cuba, at home and abroad, as they've defended their revolutionary course. $18. Also in Spanish.

EXPAND YOUR REVOLUTIONARY LIBRARY

Is Socialist Revolution in the US Possible?

A Necessary Debate among Working People

MARY-ALICE WATERS

Fighting for a society only working people can create, it is our own capacities we will discover. And along that course we will answer the question posed here with a resounding "Yes." Possible but not inevitable. That depends on us. $10. Also in Spanish, French, and Farsi.

Lenin's Final Fight

Speeches and Writings, 1922–23

V.I. LENIN

In 1922 and 1923, V.I. Lenin, central leader of the world's first socialist revolution, waged what was to be his last political battle—one that was lost following his death. At stake was whether that revolution, and the international communist movement it led, would remain on the proletarian course that had brought workers and peasants to power in October 1917. $20. Also in Spanish, Farsi, and Greek.

Our History Is Still Being Written

The Story of Three Chinese Cuban Generals in the Cuban Revolution

ARMANDO CHOY, GUSTAVO CHUI, MOISÉS SÍO WONG, MARY-ALICE WATERS

"What was the key measure to uproot discrimination against Chinese and blacks in Cuba? It was the socialist revolution itself." New edition sheds light on Chinese Cubans' involvement in Cuba's internationalist course, including in Africa and Latin America. $17. Also in Spanish, Farsi, and Chinese.

Women in Cuba: The Making of a Revolution within the Revolution

VILMA ESPÍN, ASELA DE LOS SANTOS, YOLANDA FERRER

The integration of women into the ranks and leadership of the Cuban Revolution was inseparably intertwined with the proletarian course of the revolution from the start. This is the story of that revolution and how it transformed the women and men who made it. $20. Also in Spanish and Greek.

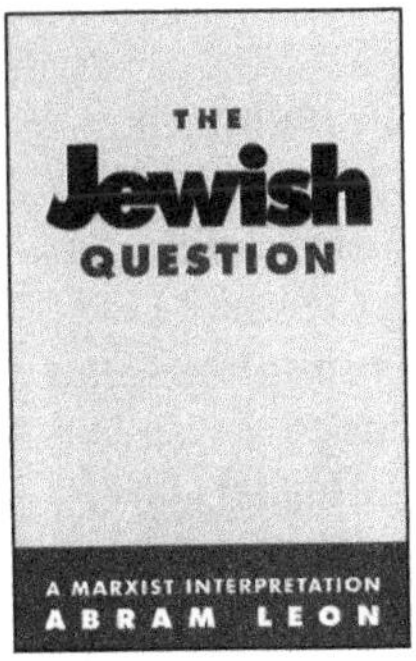

The Jewish Question

A Marxist Interpretation

ABRAM LEON

Traces the historical rationalizations of anti-Semitism to the fact that Jews became a "people-class" of merchants and moneylenders in the centuries before industrial capitalism. And how, in times of crisis, capitalists mobilize renewed Jew-hatred to incite reactionary forces and disorient working people about the true source of their impoverishment. $25. Also in Greek.

Thomas Sankara Speaks

The Burkina Faso Revolution, 1983–87

Under Sankara's guidance, Burkina Faso's revolutionary government led peasants, workers, women, and youth to expand literacy; to sink wells, plant trees, erect housing; to combat women's oppression; to carry out land reform; to join others in Africa and worldwide to free themselves from the imperialist yoke. $24. Also in French.

Puerto Rico: Independence Is a Necessity

RAFAEL CANCEL MIRANDA

One of the five Puerto Rican Nationalists imprisoned by Washington for more than 25 years and released in 1979 speaks out on the brutal reality of US colonial domination, the example of Cuba's socialist revolution, and the ongoing struggle for independence. $6. Also in Spanish and Farsi.

The History of the Russian Revolution

LEON TROTSKY

How, under Lenin's leadership, the Bolshevik Party led millions of workers and farmers to overthrow the state power of the landlords and capitalists in 1917 and bring to power a government that advanced their class interests at home and worldwide. Unabridged, 3 vols. in one. Written by one of the central leaders of that socialist revolution. $38. Also in French and Russian.

The Revolution Betrayed

What Is the Soviet Union and Where Is It Going?

LEON TROTSKY

In 1917 workers and peasants of Russia were the motor force for one of the deepest revolutions in history. Yet within ten years a political counterrevolution by a privileged social layer whose chief spokesperson was Joseph Stalin was being consolidated. The classic study of the Soviet workers state and its degeneration. $20. Also in Spanish, Farsi, and Greek.

The Communist Manifesto

KARL MARX, FREDERICK ENGELS

Why communism is not a set of preconceived principles but the line of march of the working class toward power, "springing from an existing class struggle, a historical movement going on under our very eyes." The founding document of the modern revolutionary workers movement. $5. Also in Spanish, French, Farsi, and Arabic.

Cosmetics, Fashions, and the Exploitation of Women

JOSEPH HANSEN, EVELYN REED, MARY-ALICE WATERS

How big business plays on women's second-class status and economic insecurities to market cosmetics and rake in profits. And how the entry of millions of women into the workforce has irreversibly changed relations between women and men—for the better. $15. Also in Spanish and Farsi.

Maurice Bishop Speaks

The Grenada Revolution and Its Overthrow, 1979–83

The triumph of the 1979 revolution in the Caribbean island of Grenada under the leadership of Maurice Bishop gave hope to millions throughout the Americas. Invaluable lessons from the workers and farmers government defeated by a Stalinist-led coup in 1983. $25

PATHFINDER AROUND THE WORLD

Visit our website for a complete list of titles and to place orders

www.pathfinderpress.com

PATHFINDER DISTRIBUTORS

UNITED STATES

(and Caribbean, Latin America, and East Asia)

Pathfinder Books, 306 W. 37th St., 13th Floor
New York, NY 10018

CANADA

Pathfinder Books, 7107 St. Denis, Suite 204
Montreal, QC H2S 2S5

UNITED KINGDOM

(and Europe, Africa, Middle East, and South Asia)

Pathfinder Books, 5 Norman Rd.
Seven Sisters, London N15 4ND

AUSTRALIA

(and Southeast Asia and the Pacific)

Pathfinder Books, Suite 22, 10 Bridge St.
Granville, Sydney, NSW 2142

NEW ZEALAND

Pathfinder Books, 188a Onehunga Mall Rd., Onehunga, Auckland 1061
Postal address: P.O. Box 13857, Auckland 1643

Join the Pathfinder Readers Club
to get 15% discounts on all Pathfinder titles and bigger discounts on special offers.
Sign up at www.pathfinderpress.com or through the distributors above.
$10 a year